지구, 어디까지 아니?

지구, 어디까지 아니?

초판 1쇄 2017년 11월 27일
초판 2쇄 2019년 5월 15일

글쓴이 | 문재갑
그린이 | 양상용
펴낸이 | 조영진
펴낸곳 | 고래가숨쉬는도서관
출판등록 | 제406-2012-000082호
주소 | 경기도 파주시 회동길 329 (서패동) 2층
전화 | 031-955-9680~9681 팩스 | 031-955-9682
홈페이지 | www.goraebook.com
이메일 | goraebook@naver.com

글 ⓒ 문재갑 2017 | 그림 ⓒ 양상용 2017

* 값은 뒤표지에 적혀 있습니다.
* 잘못 만든 책은 구입하신 서점에서 바꾸어 드립니다.
* 책의 내용과 그림은 저자나 출판사의 서면 동의 없이 마음대로 쓸 수 없습니다.

ISBN 979-11-87427-52-0 74450
      978-89-97165-49-0 74080(세트)

이 도서의 국립중앙도서관 출판시도서목록(CIP)은 e-CIP홈페이지(http://www.nl.go.kr/ecip)와 국가자료공동목록시스템(http://www.nl.go.kr/kolisnet)에서 이용하실 수 있습니다.(CIP제어번호: CIP2017027818)

한국출판문화산업진흥원의 출판콘텐츠 창작자금을 지원받아 제작되었습니다.

품명 도서 | **전화번호** 031-955-9680 | **제조년월** 2019년 5월
제조국명 대한민국 | **제조자명** 고래가숨쉬는도서관
주소 경기도 파주시 회동길 329 2층 | **사용 연령** 9세 이상

*KC마크는 이 제품이 공통안전기준에 적합하였음을 의미합니다.

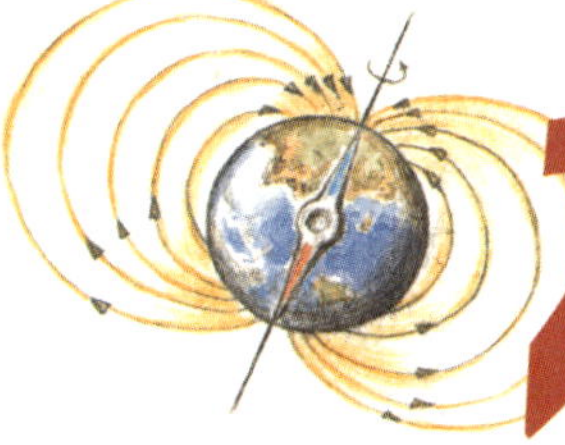
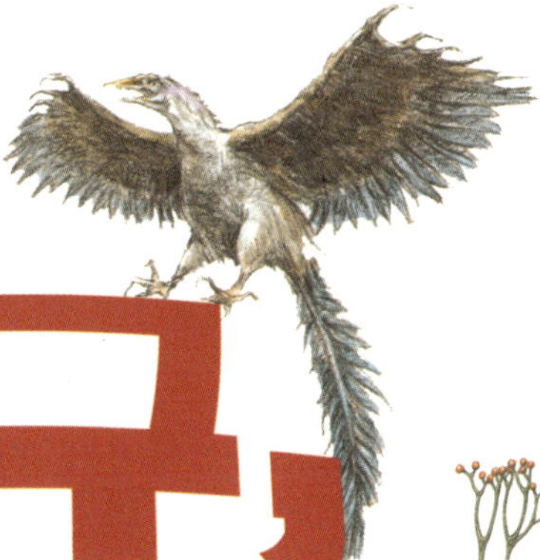
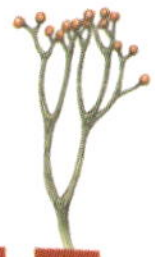

지구, 어디까지 아니?

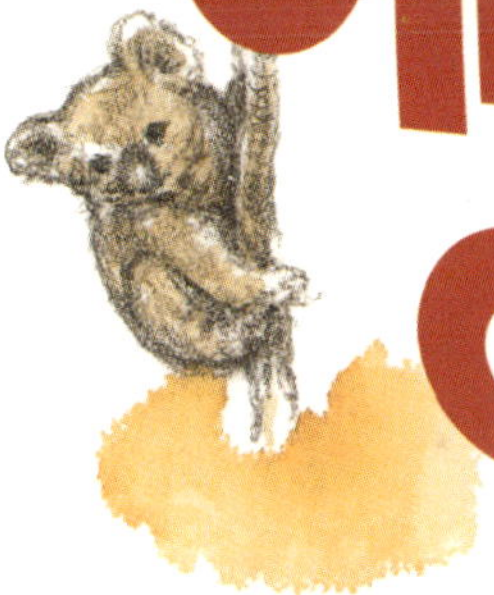
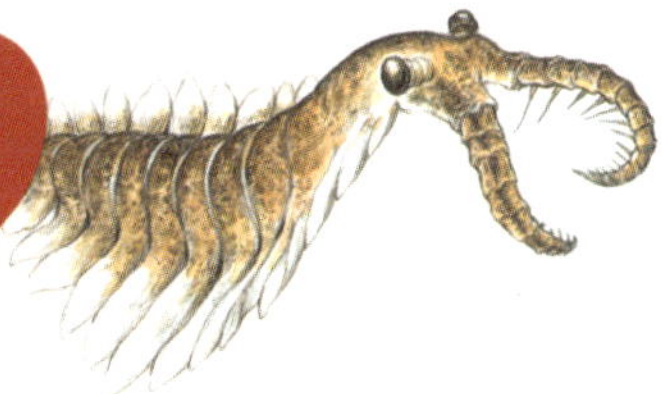

글쓴이 문재갑 | 그린이 양상용

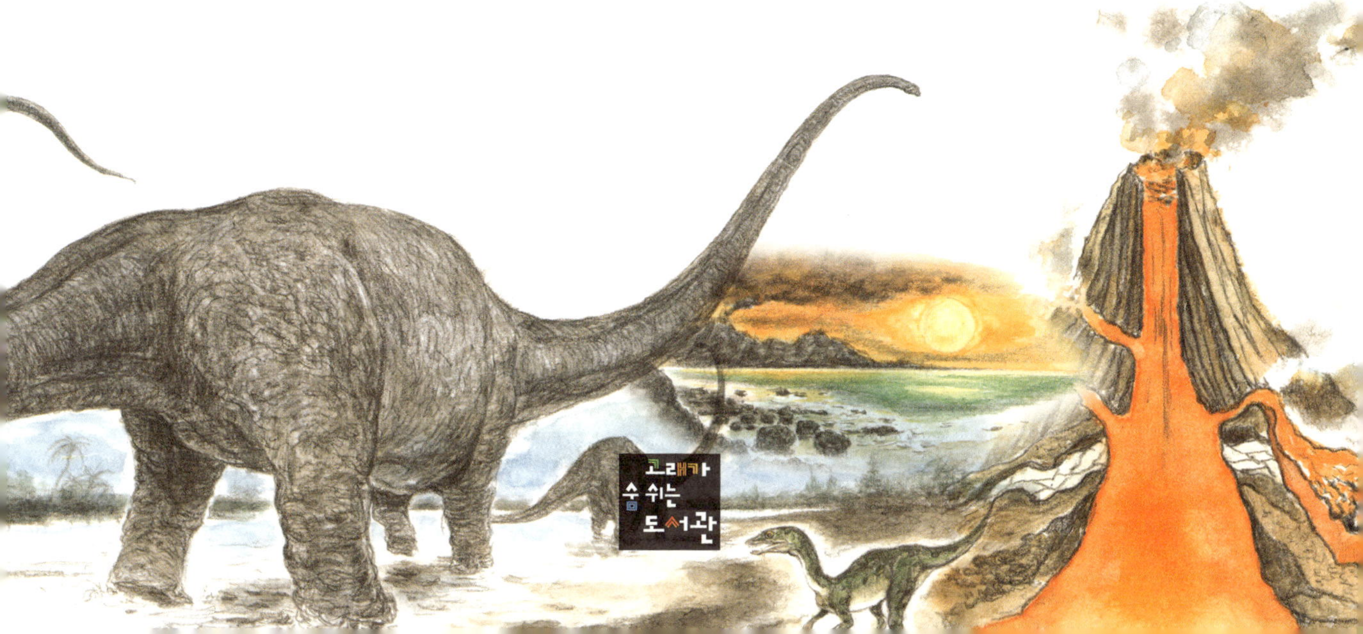

고래가 숨쉬는 도서관

1장 46억 년 전, 기적처럼 탄생한 지구

1. 지구는 어떻게 탄생했어요? 8
2. 지구 내부의 생김새는 어떤 모양이에요? 23

2장 원시 지구의 또 다른 변화, 화산 폭발

1. 화산은 왜 폭발했던 거예요? 38
2. 무엇이 지각판을 움직이게 하는 거예요? 48

3장 지구상에 나타난 최초의 생명체, 남조류

1. 최초의 생명체는 무엇을 먹고 살았어요? 58
2. 수많은 생물들은 어떻게 생겨난 거예요? 66

4장 캄브리아기에 바다에서 일어난 엄청난 변화

1. 원시 바다에서는 어떤 동물들이 살고 있었어요? 74
2. 최초로 육지에 올라온 동물은 어떤 종류였어요? 85

5장 쥐라기, 그리고 새롭게 등장한 공룡의 시대

1. 쥐라기 공룡 시대는 어떻게 열리게 되었던 거예요? 96
2. 공룡이 지배했던 지구는 어떤 모습이었을까요? 105

6장 쥐라기를 호령했던 공룡의 멸종 – 혜성 충돌·기후 변화

1. 무엇이 공룡을 한순간에 사라지게 한 거예요? 116
2. 하늘을 날아다니는 새가 공룡의 후손이라고요? 126

7장 새로운 절대 강자 포유류의 등장과 영장류의 탄생

1. 포유류는 어떻게 지구를 지배하게 되었어요? 136
2. 영장류는 어떤 과정을 거쳐 탄생한 거예요? 143

1

46억 년 전, 기적처럼 탄생한 지구

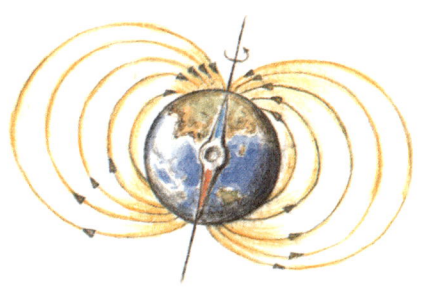

태양과 지구, 그리고 태양계에 속한 모든 행성과 위성의 역사는 약 46억 년 전에 시작되었대요. 빅뱅 이후 우주 공간을 떠돌던 가스 구름과 우주 먼지가 초신성의 폭발과 함께 중력 붕괴를 일으켜 회전하면서 한데 엉겨 굳어서 태양계가 형성되었다는 거예요.

태양계를 탄생시킨 가스 구름과 우주 먼지는 수소(70%)와 헬륨(27%), 그리고 납이나 금과 같은 무거운 물질(3%)로 이루어져 있었다고 해요. 그러니까 태양과 우리가 살고 있는 지구를 포함한 행성들은 그런 물질들이 모아진 결과물인 셈이지요.

1. 지구는 어떻게 탄생했어요?

은서는 아침 일찍 아빠와 함께 인천 공항에 다녀왔어요.

중학교 선생님인 엄마가 미국에 있는 자매결연 학교의 초청을 받아 출국을 하게 되었기 때문이지요. 엄마는 여름 방학 한 달 동안 미국 동북부에 있는 버지니아 주 페어팩스 카운티에 머무를 예정이래요.

'버지니아'라는 주 이름은 '처녀 여왕(Virgin Queen)'으로 불리며 영국의 전성기를 이끌었던 엘리자베스 1세를 기념하기 위해 붙여졌다고 해요. 최근에는 주 의회가 공립 학교 교과서에 동해를 병기하는 법안을 통과시켜 우리랑 친숙해진 지역이기도 하지요.

어쨌든 평균 시속 약 900km인 비행기를 타고 14시간 정도를 날아가야 그곳에 도착한다는 말에 은서는 벌어진 입을 다물 수가 없었어요. 우리가 살고 있는 지구의 크기를 실감하는 계기가 되기도 했고요.

그런데 집으로 돌아온 이후, 마음이 자꾸만 허전해지네요. 아빠 역시 마음이 편치 않은 듯, 평소답지 않은 퀭한 눈으로 안방과 서재를 괜스레 왔다 갔다 하고 계시고요.

잠시 생각에 잠겨 있던 은서는 자리에서 일어나 아빠한테 다가갔어요. 이번 여름 방학 때 지구의 역사에 대한 이야기를 들려주기로 한 약속을 당장 실천에 옮기자는 부탁을 드리려고요.

서재에 있는 아빠 책상 위에 커다란 책 몇 권이 놓여져 있어요. 책 제목이 영어라서 내용을 알 수는 없었지만, 표지에 태양계와 지구 그림이 있는 책이었어요. 아빠 역시 은서랑 같은 생각을 하고 계셨던 모양이에요.

은서와 아빠의 지구 역사 여행은 그렇게 시작되었어요.

"아빠, 지구는 어떻게 탄생한 거예요?"

은서는 지구가 생겨나기 전에는 어떤 상태였으며, 무엇이 어떤 과정을 거쳐 지구라는 별이 되었는지 무척 궁금했어요. 그래서 첫 질문의 내용은 지구의 탄생일 수밖에 없었지요.

그런데 아빠의 대답이 의외네요.

"태초에 지구가 어떻게 만들어졌는지, 또 어느 정도의 시간이 소요되었는지, 그 과정을 지켜본 사람은 아무도 없어. 따라서 지구가 어떻게 탄생했는지에 대해서는 그 누구도 정확한 대답을 해 줄 수

없단다."

실망스러움이 왈칵 솟구친 은서의 입에서 볼멘소리가 튀어나왔어요. 엄마가 안 계시다는 허전함이 목소리의 톤을 평소보다 반 옥타브쯤 올라가게 했고요.

"에이, 뭐야? 최첨단 물질문명이 어떻고 하는 우리 인류가, 어떻게 탄생했는지조차 까맣게 모르는 지구라는 땅덩어리 위에서 지금까지 살아온 거라고요?"

은서의 과민한 반응에 멈칫한 아빠가 변명하듯 설명했어요.

"까맣게 모른다는 말은 조금 지나치다는 생각이 드는구나. 평생 동안 우리 태양계와 비슷한 별들을 관찰하고 연구해 지구 탄생에 대한 가설을 제시한 과학자들이 한두 명이 아니니까 말이다."

은서의 반응은 여전히 까칠했어요.

"하지만 아직도 모르고 있다면서요?"

"우주 현상은 1+1=2처럼 정확하게 맞아떨어지는 숫자 계산이 아니란다. 게다가 아무도 본 사람이 없으니 과학자들도 '이러이러한 과정을 거쳐 탄생했을 것'이라고 추측할 수밖에 없는 거야. 따라서 지구 탄생에 대한 문제는 안다거나 모른다는 단어로 간단하게 얘기할 수 없지 않겠니?"

은서는 고개를 끄덕였어요.

자연 현상이라는 게 워낙 변화무쌍해, 내일의 날씨 예보도 항상 맞아떨어지는 게 아니니까요. 하물며 지구가 생겨날 당시의 우주에는 더 많은 변수가 있었을 테지요.

그리고 아빠 역시 허전함이 적지 않을 텐데, 그런 아빠를 향해 괜한 심통을 부리고 있다는 생각이 들었어요. 그래서 재빨리 마음을 바꾸었지요. 그러자 목소리가 한층 부드럽게 나오네요.

"저는 그동안 과학자라고 하면 자신의 연구 분야에 대해 모든 것을 다 아는 사람이라고 여겼어요. 그런데 곰곰이 생각해 보니 다 아는 게 아니라 더 많은 것을 알기 위해 노력하는 분들이네요."

"우아! 우리 은서가 대단한 생각을 했구나!"

아빠의 칭찬에 은서의 어깨가 으쓱해졌어요. 기분도 좋아졌고요.

"과학자들은 지구 탄생에 대해 어떤 가설을 내놓았던 거예요?"

"그동안 수많은 과학자들이 태양과 태양계의 탄생에 대해 성운설·

소행성설·조석설·전자설·난류설·쌍성설 등 다양한 가설을 제시해 왔단다. 그런데 그중에서 독일의 철학자 칸트가 제기한 후, 프랑스의 수학자 라플라스가 보완한 성운설이 가장 널리 인정받고 있어."

"성운설이 뭔데요?"

"우주 먼지와 가스 등이 모아져 태양계가 탄생했다는 이론이야."

"헐! 먼지와 가스가 모여 태양계가 만들어졌다고요?"

은서는 벌어진 입을 한참 동안 다물 수 없었어요.

도대체 얼마나 많은 우주 먼지와 가스가 있었기에 거대한 태양계를 탄생시킬 수 있었는지, 아무리 생각의 폭을 넓혀 보아도 상상할 수가 없었기 때문이지요.

"성운설에 따르면 지금으로부터 46억 년 전에는 오늘날 태양계가 차지하고 있는 자리인 우리 은하계의 나선팔 부근에 70%의 수소와 27%의 헬륨, 그리고 납이나 금과 같은 무거운 물질 3%로 이루어진 우주 구름만 가득했어. 그런데 어느 순간, 주변에 있던 초신성이 폭발하면서 거의 움직임을 보이지 않고 있던 거대한 규모의 우주 구름에 중력 붕괴 현상이 나타나게 되었단다."

"무슨 말씀인지 이해하기 어려워요."

은서가 고개를 갸웃거리자, 아빠의 보충 설명이 이어졌어요.

"잔잔한 호수에 돌멩이를 던지면 어떻게 될까?"

"당연히 물이 출렁이면서 물결이 널리 퍼지겠지요."

"호수를 채우고 있는 잔잔한 물이 우주 구름이라면, 거기에 던져진 돌멩이가 초신성이야. 그러니까 아무런 움직임도 없던 우주 구름이 초신성의 폭발 때문에 요동치기 시작했다는 말을 하고 있는 거야."

은서는 그제야 고개를 끄덕였어요.

그렇다고 모든 것이 다 이해된 건 아니에요.

"초신성은 또 뭔데요?"

"초신성은 죽어 가는 별이야. 수명을 다한 별은 마지막에 폭발하면서 밝기가 평소의 수억 배에 이르렀다가 서서히 사라지는데, 그 모습이 마치 새로운 별이 나타난 것처럼 보이기 때문에 초신성이라고 불렀단다."

"그러니까 죽어 가는 별이 폭발하면서 내뿜은 에너지가 거대한 우주 구름을 마구 뒤흔들어 놓았다는 말이네요."

"그렇지! 거의 움직이지 않고 있던 우주 구름이 초신성의 폭발 때문에 뒤엉켜 회전을 하기 시작한 거야."

"욕조를 막고 있던 꼭지를 뽑으면 물이 뱅글뱅글 돌면서 빠져나가는 것처럼 말이에요?"

"응. 그와 함께 우주 구름은 서로 들러붙기 시작했고, 시간이 흐를수록 회전 속도가 빨라졌지. 그래서 원반과 같은 모습이 된 우주 구름의 수축 운동은 가속도가 붙었어. 나아가 중심부의 밀도와 온도가 높아지면서 핵융합 반응이 일어나기 시작했단다."

은서는 도무지 우주의 규모를 머릿속으로 그려 볼 수가 없었어요. 태양을 만들 만큼 엄청난 양의 우주 구름이라면…… 그저 고개가 절레절레 흔들어질 뿐이었지요.

그런데 곰곰이 생각해 보니 가장 중요한, 우리가 살고 있는 별 지구를 비롯한 태양계 행성들의 탄생이 아직 남아 있네요. 그래서 물었지요.

"그렇다면 지구는 태양을 만들고 남은 부스러기들로 이루어진 건가요?"

"아주 틀린 말은 아니다만, 부스러기라는 표현이 조금 걸리는구나. 우주 구름이 회전을 거듭하면서 태양을 만들기 위해 수축할 때, 중심부로 끌려들어가지 않고 끝까지 버티면서 따로 뭉친 결과 태양계의 행성으로 자리를 잡게 되었으니까 말이다.

"아차! 규모가 큰 것들만 자꾸 생각하다 보니, 저도 모르는 사이에 태양계 행성들이 작게 여겨졌나 봐요. 그래서 잘못된 표현이……."

아빠가 손을 저으며 또 다른 설명을 덧붙였어요.

"전혀 엉뚱한 말은 아니라니까 그러는구나. 태양이 태양계 전체 질량의 99.8%를 차지하고 있어. 다시 말하자면 태양계의 여덟 행성들을 모두 합해 봐야 태양계 전체 질량의 0.14%에 불과하다는 말이지."

"우아! 태양이 그렇게 큰 별이에요?"

"그럼. 하지만 우주에는 태양 크기의 2천 배가 넘는 VY 케니스메이저리스라는 별도 있단다."

"옴마야!"

이야기가 계속될수록 놀라움의 연속이네요. 하지만 아빠의 이야기는 곧 시작점인 지구의 탄생으로 되돌아왔어요.

"어쨌든 우리가 살고 있는 지구는 약 46억 년 전에 태양과 함께 탄

생했어. 하지만 당시의 원시 지구는 오늘날의 태양처럼 벌겋게 타오르는 불덩이 그 자체였단다. 내부의 중심핵은 끊임없이 마그마를 내뿜었고, 아직 안정을 찾지 못한 하늘에서는 크고 작은 혜성과 운석이

지구를 향해 날아들었지."

"말 그대로 불지옥 그 자체였다는 얘기네요?"

"어쩌면 그보다 더한 모습이었는지도 모르지. 어쨌든 격렬한 화산 활동으로 수증기와 일산화탄소가 풍부한 대기층을 갖게 된 원시 지구는 약 6억 년 동안 불덩어리 행성의 모습을 하고 있었단다."

"그런 지구가 어떻게 식은 거예요?"

"6억 년 동안 지구에 떨어진 소행성들 중 상당수가 얼음덩이였어. 그 얼음덩이들은 불덩이 행성인 지구에 닿자마자 수증기가 되어 대기층으로 올라갔지. 그 사이 몇 억 년에 걸쳐 태양계 주변의 우주 공간이 안정되면서 소행성의 충돌이 줄어들었고, 더불어 지구의 표면 온도가 서서히 낮아졌어. 그러자 지표면 가까이 내려오기도 전에 다시 증발해 버리곤 했던 수증기가 빗방울이 되어 내리기 시작한 거야. 지구 최초의 비는 수천 년 동안 내리고 또 증발하기를 반복하면서 지표면을 식혀, 불덩이였던 지구에 얇은 지각이 형성되었단다."

은서가 마른침을 꼴깍 삼키며 말했어요.

"히야! 마치 공상 과학 영화 같은 이야기네요."

아빠가 입가에 미소를 머금으며 고개를 끄덕여 주었어요.

"지구의 탄생 자체가 워낙 미스터리하니까 그럴 수밖에 없겠지."

은서는 아빠의 이야기를 들으며 마치 환상 속에 빠져 있는 것 같은 착각을 했어요. 우주 구름이 모여 탄생한 지구에 6억 년이라는 세월이 더해져 지각이 만들어졌다니, 독한 감기약을 먹고 해롱거릴 때처럼 생각마저 나른하고 아련해지는 느낌이 들었던 거예요.

지구와 태양, 그리고 지구의 생명체들

약 40억 년 전까지만 해도 지구는 시뻘건 불덩어리 천체였다. 내부의 중심핵에서 뿜어져 나오는 열과, 끊임없이 날아드는 혜성과 운석들의 충돌 때문에 영원히 생명체가 살아갈 수 없는 별처럼 보였던 것이다.

하지만 지구는 수억 년 동안 쏟아져 내린 얼음 소행성들 덕분에 거짓말처럼 식기 시작했다. 물론 고체로 이루어진 지구형 행성인 수성과 금성, 그리고 화성 역시 비슷한 이유로 표면 온도가 내려갔다.

그런데 유일하게 지구에서만 생명체가 탄생했다. 태양과의 적당한 거리, 대기를 잡아 둘 수 있을 만큼의 중력 등 여러 가지 요인이 복합적으로 작용해 최초의 생명체인 단세포 박테리아가 모습을 드러내게 되었다.

그렇다고 해서 지구의 생명체가 어느 날 갑자기 뚝딱 생겨난 것은 아니다. 태양과 함께 우주 공간에 등장한 지구의 열기가 가라앉기까지 약 6억 년이 걸렸고, 엄청난 비 때문에 바다와 원시 숲이 만들어진 뒤 약 5억 년이 지나서야 최초의 생명체가 모습을 드러낸 것이다.

2. 지구 내부의 생김새는 어떤 모양이에요?

지구가 어떤 과정을 거쳐 탄생했는지, 어렴풋하게나마 짐작을 하게 된 은서는 지구 속 생김새가 궁금해졌어요. 도대체 지구 속에 무엇이 들어 있기에 지진이 일어나고 화산이 폭발하며, 인류가 필요로 하는 모든 자원을 담고 있는 것인지 알고 싶어진 거예요.

"아빠, 땅을 계속 파고 들어가면 무엇이 나와요?"

은서의 속마음을 알 리 없는 아빠가 되물었어요.

"땅을 왜 파려고 하는데?"

"히잉! 아빠는…… 제가 땅을 왜 파겠어요? 지구 속이 어떻게 생겼는지 궁금해서 그러지요."

"아차, 그렇구나!"

"제가 우유 한 잔 가져오는 틈에 엄마 생각하고 있었던 거 맞죠?"

"어라! 이 녀석이 조금 컸다고 아빠를 놀리려 들어?"

"에이, 아빠 얼굴이 금세 빨개지는 걸 보니 사실인 거 같은데요?"

하지만 아빠는 끝내 속마음을 털어놓지 않으시네요. 그 대신 탁자

한쪽에 놓아둔 두꺼운 원서를 끌어당겨 한참 뒤적거리더니, 올림픽 양궁 경기장에서나 볼 수 있는 과녁처럼 생긴 그림이 크게 그려진 페이지를 찾아 펼쳐 놓는 것이었어요.

"자, 보렴. 이것이 네가 궁금해하는 땅속 모습이란다."

"예? 과녁처럼 생긴 이 그림이……?"

당혹스러워하는 은서의 어깨를 토닥이며 아빠가 설명을 이어 갔어요.

"물론 지구 속 각각의 층은 이 그림처럼 컴퍼스로 동그라미를 그리듯 완벽한 모양의 원형으로 나누어져 있지는 않아. 하지만 전체적으로는 이 그림과 같은 모습을 하고 있단다."

은서가 그림을 찬찬히 살펴보며 말했어요.

"층마다 각각의 명칭이 있는 거 같은데요?"

"당연히 있지. 지구의 반지름은 약 6,400km인데, 가장 깊은 중심부에 반지름이 약 1,300km에 이르는 내핵이 자리하고 있어. 그리고 외핵·맨틀·지각 등이 그 바깥쪽을 차례로 감싸고 있단다."

"무엇을 기준으로 그렇게 나누어 놓은 거예요?"

1장 46억 년 전, 기적처럼 탄생한 지구 25

"아무리 지구 속 생김새가 궁금해도, 사람이 직접 땅을 파고 들어가 확인할 수는 없어. 그래서 지구 내부를 구성하고 있는 요소들의 화학적·물리적 차이는 과학적인 여러 시스템을 동원해 연구한 결과 알게 되었지."

"어떤 시스템이 이용되었는데요?"

"가장 중요한 정보를 얻을 수 있는 대표적인 예가 지진이 발생할 때 나타나는 지진파의 움직임이야. 소리의 전달 속도가 매질에 따라 다른 것처럼, 지진파 역시 통과하는 물질에 따라 속도가 변해. 따라서 과학자들은 지진파가 지구 내부를 통과하면서 속도가 어떻게 바뀌었는가를 연구해 지진파가 이동하면서 어떤 물질을 지나쳐 왔는지 알게 되었지."

은서가 고개를 절레절레 흔들며 중얼거렸어요.

"우아, 정말 대단하다!"

"이 아빠가?"

"끄응! 그런 생각을 해낸 과학자들이……."

아빠는 빙그레 웃으며 다음 설명을 이어 갔어요.

"지구 중심부의 내핵은 지구가 탄생해 부글부글 끓는 불덩어리였을 당시 가장 무거운 철 등 금속 성분이 가라앉아 만들어졌어. 온도는 4,000℃가 넘지만 엄청난 압력 때문에 고체 상태를 유지하고 있지. 그리고 내핵을 둘러싸고 있는 외핵은 성분이 비슷하지만 압력 차이 때문에 액체 상태이고, 두께는 대략 2,200km가량이란다."

"그 바깥쪽에 있는 맨틀이라는 건 뭐예요?"

"맨틀은 지각과 핵 사이를 차지하고 있는데, 깊이 약 30km에서 약 2,900km까지에 이르는 층이야. 맨틀은 또한 지구 부피의 약 82%와 지구 질량의 약 68%를 차지하고 있는데, 철과 마그네슘 등으로 구성된 규산염을 주성분으로 하는 암석으로 이루어져 있을 것으로 추정하고 있어. 따라서 금속 성분인 내핵이나 외핵과는 확연히 다른 셈이지."

"부피나 질량으로 보았을 때 지구 전체의 3분의 2가 넘는 거대한 맨틀이 단 하나의 층으로 형성되어 있는 거예요?"

"각종 지진파를 분석해 본 결과, 맨틀에는 층 구조가 존재한다는 사실을 알게 되었어. 그래서 과학자들은 지각 밑 30km부터 약 370km까지를 상부 맨틀, 370km에서 650km까지를 전이대, 650km부터 외핵과의 경계 지점까지를 하부 맨틀이라고 구분해 놓았단다."

"후유! 땅속에는 흙과 돌만 뒤섞여 있는 줄 알았더니, 거기도 복잡하기는 마찬가지네요!"

은서의 혼잣말 같은 투덜거림에 아빠가 정색을 하며 물었어요.

"네 말대로 땅속에 흙과 돌만 있다면 어떤 일이 벌어지는지 아니?"

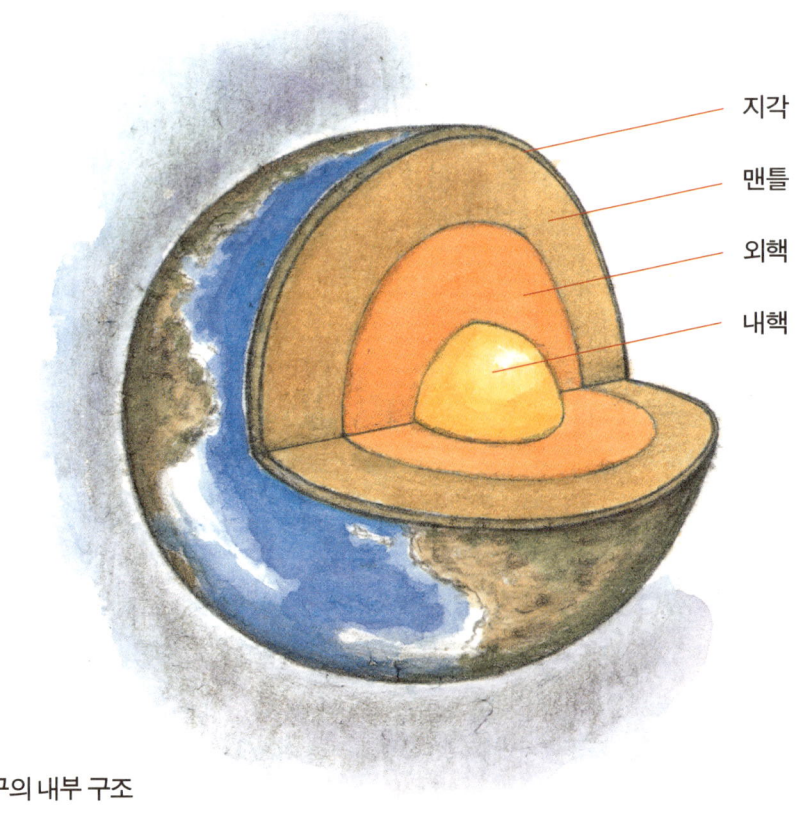

지구의 내부 구조

"예?"

"지구 중심부의 내핵과 외핵을 구성하고 있는 막대한 양의 철은 직류 전류로 인해 자성을 띠고 있어. 다시 말해 지구가 탄생할 당시 가라앉은 무거운 철 성분 때문에 지구는 거대한 자석이 되었다는 얘기야."

"그거랑 흙이 무슨 상관인데요?"

"자성을 띠고 있는 중심부의 철 성분 때문에 지구 전체는 자기장에 둘러싸이게 되었고, 이 자기장이 태양풍을 비롯한 우주 방사선을 막아 주고 있기 때문에 우리가 생명을 유지해 나갈 수 있는 거야."

"헐! 땅속을 흙과 돌멩이가 가득 메우고 있다면 지구상의 모든 생명체가 방사선에 노출될 수밖에 없다는 말이네요!"

"만약 그런 상태였다면 지구상에 생명체가 탄생하지 못했을 수도 있지."

"후유, 다행이다!"

"뭐가?"

"땅속이 복잡하게 만들어져 자기장의 보호를 받게 되어서요."

아빠가 껄껄껄 웃었어요. 생각이 금세 오락가락 바뀌는 은서의 태도 때문이었겠지요. 하지만 은서는 당당했어요. 자기장이니, 우주 방사선이니 하는 것들을 몰랐으니까요.

"그리고 또 한 가지 재미있는 사실이 하나 있지."

"그게 뭔데요?"

"지구 껍데기를 구성하고 있는 지각에서부터 상부 맨틀 가장 위쪽 약 100km 부분까지는 20개 정도의 덩어리가 서로 맞물려 있으면서 제각각 따로 움직이고 있단다."

"옴마야! 우리가 발을 딛고 있는 땅덩어리가 따로 움직이고 있다고요?"

은서는 놀라지 않을 수 없었어요. 지구를 덮고 있는, 언제나 변함없는 땅이 여러 개의 조각으로 이루어져 있을 것이라는 생각을 단 한 번도 해 본 적이 없었기 때문이지요.

"지구 표면의 움직임은 유라시아판, 태평양판, 아프리카판, 오스트레일리아·인도판, 북아메리카판, 남아메리카판, 남극판 등 주요 판(지각판) 7개가 주도하고 있어. 그리고 사이사이에 있는 작은 판 15개 정도가 주요 판의 움직임에 따라 서로 모이기도 하고 흩어지기도 하면서 오늘날의 모습에 이르렀지."

"그렇다면 옛날의 육지나 바다는 지금과 다른 모습이었다는 말이네요?"

"오늘날 우리가 살고 있는 지구의 각 대륙은 약 2억 년 전 한 덩어리로 이루어져 있었던 거대한 대륙 '판게아'에서 갈라져 나와 만들어졌단다."

"오직 하나의 대륙만 있었다고요?"

"대륙이 움직이고 있는 확실한 증거는 남아메리카 대륙 동쪽 부분과 아프리카 대륙 서쪽 부분 해안선의 모습이 비슷하다는 데서 찾아볼 수 있어. 그 이외에도 적도 부근에서 발견된 빙하의 흔적 등, 대륙 이동설의 증거는 무척 많아."

"으음……."

거대한 땅덩어리가 움직이고 있다는 이야기에 혼란스러워진 은서는, 흐트러진 마음을 애써 가다듬었어요. 그리고 나서 곰곰이 생각해 보니 세계 곳곳에서 일어난 지진 관련 뉴스가 떠올랐어요. 상상을 할 수 없을 만큼 거대한 파도를 몰고 오는 쓰나미도 그렇고요. 결과적으로 그런 자연재해들이 모두 판의 운동 때문에 발생한 거라는 얘기였어요.

곧이어 아빠가 지각에 대한 이야기를 들려주었어요.

"대부분 단단한 암석으로 이루어진 지각은, 마치 사람의 피부처럼 지구 전체를 감싸고 있어. 그렇다고 해서 지각의 두께가 전체적으로 일정한 것은 아니란다."

"어! 사람의 피부는 두께가 일정한 거 같은데?"

"한 번만 더 깊이 생각해 보지 그러니?"

고개를 갸웃한 은서는 최대한 빠른 속도로 생각의 날개를 펼쳐 보았어요. 그런데 금세 답이 나오네요. 발뒤꿈치랑 얼굴 피부의 두께가 같을 수는 없을 테니까요.

"정말 피부 두께가 울퉁불퉁, 가지각색이네요."

"일반 성인의 피부 두께는 평균 2mm 정도라고 해. 하지만 피부가 가장 두꺼운 발뒤꿈치는 6mm에 이르고, 가장 얇은 눈꺼풀의 경우는 약 0.5mm에 불과하단다."

"지구를 감싸고 있는 지각도 그렇다고요?"

"지각은 크게 대륙 지각과 해양 지각으로 나누어지는데, 대륙 지각의 두께는 지구 표면에서 30~40km가량이고 해양 지각은 5~6km 정도의 두께란다."

은서의 시선이 탁자 위에 펼쳐진 원서의 그림으로 향했어요. 한참을 유심히 살펴본 결과, 올림픽 경기장에 설치된 양궁 과녁하고는 확연히 다른 모습이라는 결론을 내렸답니다.

너 혹시 이건 아니?

언제 뒤바뀔지 모르는 남극과 북극의 반전

지구에 수많은 생명체가 뿌리를 내리고 살아갈 수 있는 것은 지구 자기장의 보호가 있기 때문에 가능한 일이다. 지구는 치명적인 우주 방사선에 노출되어 있다. 우주 방사선은 우주에서 지구로 쏟아지는 높은 에너지를 지닌 각종 입자와 방사선 등을 부르는 말이다. 지구 자기장이 지상에 생명이 살 수 있도록 지구를 감싸고 있어 지구에 생명체가 존재할 수 있는 것이다.

지구가 자성을 띤 행성이 아니었다면 우주 방사선의 영향으로 지구상에 생명체가 아예 탄생하지 못했을 수도 있다.

그런데 46억 년 전, 지구가 탄생한 이후 지구 자기장은 수천 번에 걸쳐 뒤집어지고는 했다. 남극과 북극이 바뀌는 반전이 헤아릴 수 없이 자주 일어났던 것이다. 자기 북극과 자기 남극의 방향은 오랜 시간에 걸쳐 바뀌었다고 한다. 바뀌는 기간은 심해에서 용암 분출로 만들어진 해령을 이루는 암석에서 그 무늬의 방향이 바

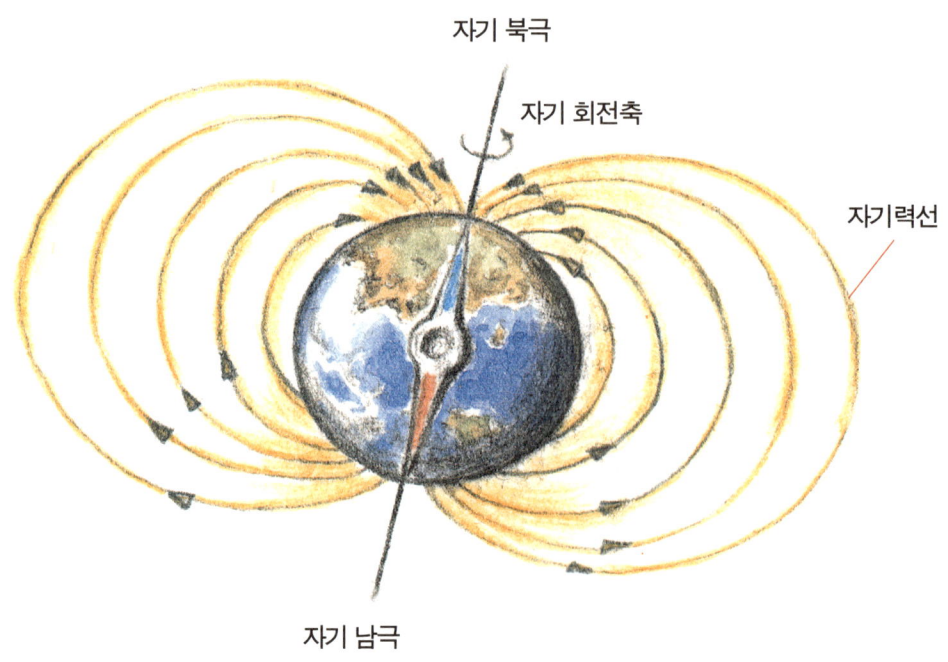

뀌는 상태를 측정하여 알 수 있다고 한다. 지난 4500만 년 사이에 150번 정도 방향이 뒤바뀌어 평균 30만 년에 한 번씩 자기 북극과 자기 남극이 뒤바뀌었다고 전해지고 있다.

과학자들은 지구 자기장의 마지막 반전이 약 78만 년 전에 일어났던 것으로 추측하고 있다.

하지만 지구 자기장의 반전이 왜 일어나는지, 그리고 지구 자기장의 반전으로 어떤 일이 벌어지게 되는지에 대해서 과학적으로 밝혀진 것이 전혀 없다. 다만 지구 생명체의 대멸종에 결정적인 영향을 미쳤을 것이라는 짐작을 어렴풋이 하고 있을 뿐이다.

2 원시 지구의 또 다른 변화, 화산 폭발

지구가 탄생한 후 약 6~8억 년이 지나자 마치 우박처럼 쏟아져 내렸던 운석은 많이 줄어들었어요. 그리고 수천 년에 걸쳐 엄청난 양의 비가 내리고 증발하기를 반복하면서 지구의 온도가 크게 낮아져 지표면 일부가 단단하게 굳어 가기 시작했지요.

하지만 지구는 여전히 뜨거운 불덩어리였어요. 지구 내부에서 들끓고 있던 마그마와 가스가 압력을 받아 뿜어져 나오는 화산 폭발이 지구 전역에서 끊이지 않고 있었기 때문이지요. 그때까지만 해도 생명체의 탄생은 상상조차 할 수 없는 일이었답니다.

1. 화산은 왜 폭발했던 거예요?

지금으로부터 약 46억 년 전에 탄생한 원시 지구는 크고 작은 운석의 충돌로 조용할 날이 없었대요. 헤아릴 수 없이 많은 운석들이 우박처럼 쏟아졌다고 하니 말 그대로 아수라장이었겠지요.

그렇게 약 6억 년이 지난 후, 지구를 향해 날아드는 운석의 숫자는 크게 줄어들었답니다. 태양과 태양계 행성들 주변의 우주 공간이 어느 정도 안정기에 접어들었기 때문이지요.

하지만 지구는 여전히 시뻘건 불덩이였어요. 운석과의 충돌은 많이 줄어들었지만, 사방에서 터져 나오는 화산 폭발이 더욱더 강렬해진 까닭에 그럴 수밖에 없었다는 거예요.

은서는 고개를 갸웃했어요. 지구 표면의 온도가 내려가면 땅속도 함께 서서히 식어, 시간이 흐를수록 잔잔해지는 게 정상이 아닌가 하는 생각이 들었기 때문이지요.

"아빠, 지구 온도는 내려가는데 화산은 왜 폭발한 거예요?"

아빠는 은서의 그런 질문을 예상하고 있었던 듯, 곧바로 되물었어요.

"물 담은 비닐봉지 입구를 막고 꾹 누르면 어떻게 되지?"

"팽팽해졌다가 결국 터지겠지요."

"지구도 마찬가지야."

"예?"

"부글부글 끓고 있던 초창기의 지구는 입구를 막지 않은 비닐봉지와 같았어. 그래서 압력을 받은 내부의 마그마나 가스가 별 어려움 없이 지구 밖으로 뿜어져 나올 수가 있었지."

"그런데 지표면의 온도가 내려가 딱딱해지면서 지구는 입구 막힌 비닐봉지처럼 되어 버린 건가요?"

"강한 압력은 여전히 그대로인 반면, 지구 내부에서 들끓고 있던 마그마와 가스는 오갈 데가 없어져 버린 거야."

"그래서 결국 지표면 중 얇은 곳을 뚫고 나올 수밖에 없었던 거였네요! 압력을 견디지 못한 물이 비닐봉지를 터뜨려 버린 것처럼……."

"그렇지. 게다가 지구는 비닐봉지와는 달리 모든 방향에서 거의 비슷한 크기의 압력이 가해졌기 때문에 화산은 지구 전체에서 동시다발적으로 폭발할 수밖에 없었단다."

은서는 탄생 초기부터 폭발하기 시작한 화산이 원망스러웠어요. 만약 화산이 폭발하지 않았더라면 원시 지구는 훨씬 더 빨리 안정되어 생명체의 출현 역시 크게 앞당겨졌을 거라는 생각이 들었기 때문이었지요.

나아가 화산은 오늘날까지 계속 폭발하면서 해마다 수많은 사람들의 목숨을 빼앗아 가기도 하고, 막대한 재산 피해를 입히고 있어요. 그러니 화산 폭발이 달갑지 않을 수밖에 없었던 거예요.

"아빠! 그 당시 지구에 화산이 폭발하지 않았더라면 인류도 훨씬 더 빨리 등장했을 테고, 인류의 과학 기술 역시 크게 발전을 거듭해 훨씬 살기 좋은 세상이 되었겠지요?"

"과연 그랬을까?"

명쾌한 대답을 하지 않은 아빠의 표정을 살피며 은서는 자신도 모르는 사이에 한층 낮아진 목소리로 되물었어요.

"제 예상이 잘못된 건가요?"

"화산 활동을 통해 지구 밖으로 뿜어져 나온 가스는 우주 공간에서 날아온 운석에 포함되어 있던 가스와 섞여 원시 대기를 형성했어. 물론 원시 대기는 오늘날의 대기와는 많이 달랐지. 산소는 거의 없는 대신, 암모니아·매탄·물·이산화탄소 등이 주성분이었거든."

"어차피 사람이 호흡할 수 있는 공기는 아니었던 거네요?"

"사람은커녕 생명체라고는 단 하나도 찾아볼 수 없는 지구일 때였는데, 그게 무슨 상관이 있었겠니?"

"아차, 그렇구나!"

"그렇게 지구의 대기를 형성하고 있던 여러 물질들 중 일부는 서로 뒤섞여 빗물과 함께 지표면의 웅덩이에 고였고, 쉼 없이 내리꽂히는 번개의 엄청난 에너지 때문에 본래의 형질이 변형되면서 단백질과 핵산이 들어 있는 둥근 모양의 작은 방울이 생겨났단다."

"그게 뭔데요?"

"최초의 세포가 만들어진 거야. 이 세포는 내부에 있는 단백질이 유발한 반응을 통해 스스로 자신과 거의 똑같은 모양으로 복제를 거듭해 증식하기 시작했어."

"그렇다면 결국 운석 충돌과 화산 활동, 그리고 벼락과 같은 자연재해가 최초의 생명체를 만든 거네요?"

"지금 우리들 입장에서 보면 자연재해라고 할 수 있겠지만, 생각의 폭을 조금만 더 넓혀 보면 자연 현상 아니겠니? 게다가 그런 현상들이 반드시 인류에 피해만 주고 있는 것도 아니고……."

은서는 아빠의 이야기에 동의할 수 없었어요. 다른 건 몰라도 화산 폭발로 인해 우리 인류가 입은 피해는 이루 다 헤아릴 수가 없을 지경이니까요. 은서는 흘러내리는 눈물 때문에 제대로 볼 수조차 없었던 영화 〈폼페이 최후의 날〉을 떠올리며 목소리를 높였어요.

"화산 폭발은 우리한테 엄청난 피해만 입히고 있잖아요?"

"물론 화산 폭발로 인해 수많은 사람들이 목숨을 잃고, 막대한 경제적 손실을 입었던 것은 부인할 수 없는 사실이야. 그렇다고 해서 화산 활동이 인류에게 피해만 주었던 것은 아니란다."

"화산이 보탬이 된 적도 있다는 말인가요?"

"그럼, 있고말고!"

"화산 활동이 지구 형성 초기에 최초의 생명체를 탄생시키는 데 결정적인 역할을 했다는 조금 전의 이야기를 벌써 까먹은 거니?"

"에이, 그건 워낙 오래전 일이라 우리 인류의 삶과 직접적으로 관련되어 있다고 말할 수는 없는 거잖아요!"

"그렇게 생각할 수도 있겠구나. 그렇다면 마그마에 녹아 있던 다양한 광물질을 지표면으로 뿜어내 우리가 활용할 수 있게 한 것과, 지각이나 지형을 다양하게 변화시켜 여러 생물들이 살아갈 수 있는 공간을 마련해 준 것은 화산 활동의 혜택이라고 할 수 있지 않을까?"

"그건 뭐…… 그러네요."

"지열을 이용한 청정에너지 생산이나, 온천 등도 화산 활동이 없다면 얻을 수 없는 것들이지. 어쨌든 화산 활동은 인간의 힘으로 제어할 수 없는 자연 현상이란다. 그래서 과학자들은 화산 폭발을 예측해 피

해를 줄이기 위한 노력을 끊임없이 기울여 왔던 거야."

은서가 고개를 끄덕였어요. 지구 탄생 초기부터 끊임없이 계속되었던 화산 폭발은 아무리 싫어도 우리 힘으로 막을 수는 없으니까요.

참, 약 35억 년 전에 바다에 생명체가 살고 있었다는 증거가 오스트레일리아 노스폴에서 발견되었다고 해요. 그것은 스트로마톨라이트(stromatolite)라고 하는 검붉은 암석으로, 지구 역사상 가장 오래된 화석이랍니다.

이 스트로마톨라이트는 나무의 나이테와 비슷한 줄무늬를 갖고 있는데, 세포 속에 핵이 따로 없는 원핵생물인 녹조류들이 무리 지어 살면서 쌓여 만들어진 암석이라고 하네요. 그러니까 우리가 살고 있는 지구에는 지금으로부터 35억 년 전부터 산소가 만들어지고 있었던 셈이지요.

이탈리아 베수비오 화산과 인도네시아 탐보라 화산

이탈리아 나폴리 만 연안에 있는 베수비오 화산이 폭발한 것은 79년 8월 24일이었다. 갑작스러운 베수비오 화산의 폭발로 인해 나폴리 만 기슭에 있던 고대 도시 폼페이가 화산재로 완전히 덮여 버렸다.

그 이후 폼페이는 로마 귀족들의 휴양 도시이자 농업과 상업 중심 도시였다는 문헌상의 기록만 존재할 뿐, 그곳이 실제로 어디에 있는지는 밝혀지지 않았다. 그러다 1599년 수로 공사를 하던 중 우연히 유적이 발견되면서 발굴하기 시작해 현재 약 3분의 2 정도가 세상 밖으로 나오게 되었다.

인도네시아 숨바와 섬 북부에 있는 탐보라 화산이 폭발한 것은 1815년 4월 5일이었다. 화산 폭발 지수 7에 해당되는 대폭발과 함께 불과 몇 시간 만에 화산 주변 40km 일대가 용암으로 뒤덮여 1만여 명이 목숨을 잃었다. 그리고 화산 폭발로 인한 식량 부족으로 약 8만 명이 세상을 떠났다.

또한 어마어마한 양의 화산재와 먼지가 공중으로 솟아올라 지구 전체의 하늘을 뒤덮어 태양빛을 차단하는 사태가 벌어졌다. 그 여파로 유럽 대륙에서는 이듬해인 1816년 여름에 눈과 서리가 내리는 등 기상 이변이 일어나기도 했다.

2. 무엇이 지각판을 움직이게 하는 거예요?

은서는 어떤 힘이 지구 껍데기를 7개의 커다란 지각판과 15개의 작은 지각판으로 나누어 제각각 따로 움직이게 하는지 궁금해졌어요. 만약 지구 껍데기를 구성하고 있는 지각이 하나로 이루어져 고정되어 있다면 지진이나 화산 폭발 등 자연재해가 크게 줄어들 것이라는 생각이 들었기 때문이에요.

"아빠, 지각판은 누가 나누어 놓은 거예요? 그리고 각각의 지각판은 도대체 어떤 힘에 의해 끊임없이 움직이면서 자연재해를 발생시키는 것인지 알고 싶어요."

"으음, 그러니까……."

잠시 생각을 정리한 아빠가 입을 열었어요.

"지구 내부 활동은 지구가 탄생할 당시 압축되는 과정에서 내부가 뜨거워지면서부터 시작되었어. 처음에는 약 1,000℃ 정도의 온도에서 진화되기 시작했는데, 암석에 포함되어 있던 방사능 원소가 붕괴되면서 내부 온도가 크게 올라가게 되었단다."

"지구가 압축되는 거하고 온도는 어떤 상관이 있는 거예요?"

"지구 바깥쪽에서 짓누르는 엄청난 양의 중력 에너지가 열의 형태로 방출되기 때문이지."

"겨울철에 손바닥을 마찰하면 따뜻해지는 것처럼, 외부에서 압력을 받아도 열이 발생하는 모양이지요?"

"그렇지. 그래서 지구 내부 온도가 철이 녹을 수 있는 온도까지 올라간 약 40억 년 전에는 핵과 맨틀의 분리가 시작되었어. 나아가 중심부로 가라앉은 거대한 철 덩어리 때문에 중력 에너지는 더욱 커져 1,015 X 1백만 톤의 핵폭발 에너지와 맞먹는 열에너지가 발생했고, 그 열 때문에 지구 내부는 부분적으로 녹거나 재구성되어 핵과 맨틀, 그리고 지각으로 나누어지게 된 거야."

그런데 은서는 아빠가 왜 갑자기 지구 내부에서 발생하고 있는 열에 대한 이야기를 꺼냈는지 알 수가 없었어요. 지각판의 움직임에 대한 질문과는 동떨어진 설명이라는 생각이 들어 다시 물어보았어요.

"지구 내부 온도랑 지각판의 움직임이 무슨 상관이라도 있는 거예요?"

"당연히 있지. 지각 아래쪽에는 지구 부피의 약 82%를 차지하는 맨틀이라는 물질이 있는데, 지각과 맞닿아 있는 맨틀 상층부의 온도는 약 100℃에 불과하지만 하층부로 갈수록 온도가 높아져 맨 아래쪽인 핵 부근의 온도는 무려 4,000℃에 이른단다."

"온도 차가 무척 크네요!"

"모든 물질을 녹여 버릴 만큼 뜨거운 지구 중심부의 핵 때문이야. 그런데 주전자에 물을 담아 가스레인지에 올려놓고 불을 켜면 어떻게 되지?"

"보글보글 끓겠지요."

"물이 끓는다는 것은 상대적으로 뜨거운 아래쪽 물은 위로 올라가고, 온도가 낮은 위쪽 물은 아래로 내려가는 순환 운동을 하고 있다는 얘기야."

은서는 그제야 아빠가 지구 내부의 온도에 대한 이야기를 들려준 이유를 알게 되었어요. 주전자 속에 들어 있는 물과 같이 순환 운동을 하고 있는 맨틀을 설명해 주기 위해서였던 것이지요.

"아, 그렇구나! 맨틀이 움직이고 있으므로 그 위에 덮어 씌워진 지각 역시 움직이지 않을 수 없었던 거네요!"

"바로 그거야. 그리고 지구를 둘러싸고 있는 맨틀의 범위가 워낙 넓기 때문에 20여 개로 나누어져 순환하게 되었는데, 그 결과 지각 역시 맨틀의 운동에 따라 7개의 큰 판과 15개의 작은 판으로 갈려 제각각 따로 움직이게 된 거란다."

"방향이나 속도는 알 수 없는 거예요?"

"지각판은 제각각 이동하면서 서로 충돌하거나 스쳐 지나치기도 하고, 때로는 분리되기도 해. 그리고 지각판이 움직이는 속도는 모두 다르지만, 1년에 평균 10cm 정도 이동하는 것으로 밝혀졌어."

"그렇다면 지각판의 움직임으로 지구는 그동안 어떻게 변해 왔던 거예요?"

"과학자들은 약 3억 5천만 년 전, 여러 대륙으로 나누어져 있던 육지가 서로를 향해 움직이기 시작해 약 2억 년 전에는 '판게아'라고 불리는 하나의 거대한 대륙을 형성했던 것으로 추측하고 있어."

"그러다가 다시 나누어진 거예요?"

"그로부터 몇 백만 년이 흐르면서 판게아는 남쪽의 '곤드와나'와 북쪽의 '로라시아'로 나누어졌어. 그리고 약 1억 년 전에 이르러 아메리카 대륙이 완전히 분리되었고, 오늘날의 인도 역시 따로 분리되어 섬과 같은 대륙이 되었어."

"앞으로 지구가 어떻게 변할지도 예상할 수 있겠네요?"

"지금과 같은 상태로 대륙의 이동이 계속된다면 앞으로 약 5천만 년 후에는 아프리카가 동서로 나누어진 두 개의 대륙이 되고, 아메리카 역시 육지로 연결되어 있는 허리 부분이 잘려 남북이 분리될 거야. 또한 인도판이 계속 유라시아판을 밀어붙이면서 히말라야 산맥의 높이는 더욱 높아질 것으로 예상하고 있단다. 오스트레일리아 역시 꾸준히 북쪽으로 올라와 북반구의 대륙이 되어 있을 것이라고 해."

아빠의 이야기를 들은 은서는 허탈한 기분을 지울 수가 없었어요. 앞으로 과학이 지속적으로 발전하면 지진이나 화산 폭발 등 자연재해를 막을 수 있지 않을까 하는 기대를 했었는데, 아무리 생각해도 불가능해 보였기 때문이었지요.

제각각 따로 움직이고 있는 크고 작은 지각판을 아무리 강한 쇠사슬로 묶어 둔다고 해도, 지구 껍데기를 마음대로 움직이고 있는 맨틀의

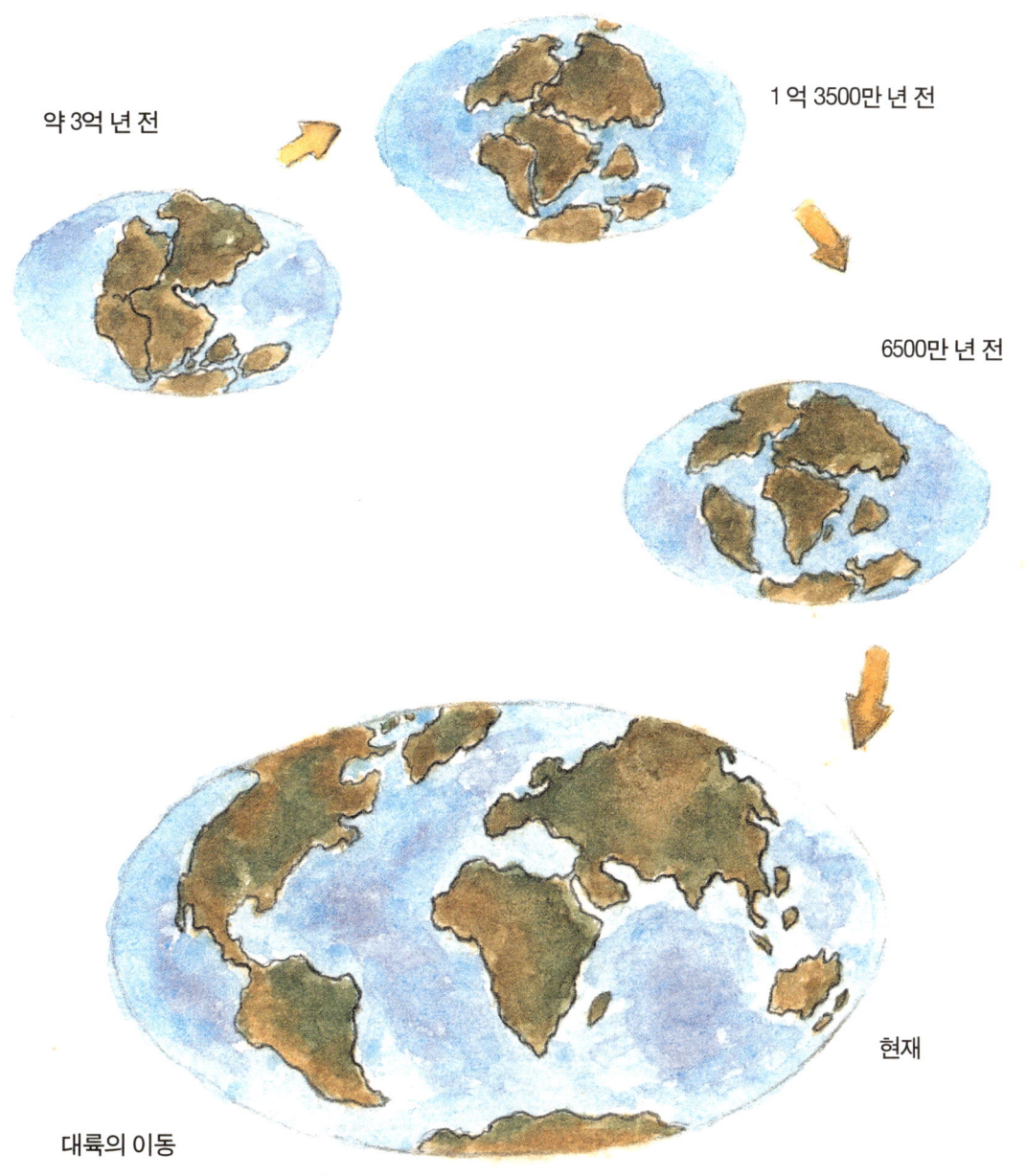

대륙의 이동

엄청난 힘을 당해 낼 수는 없을 거예요.

결국 방법은 하나뿐이네요. 자연재해 예측 시스템을 최대한 활용해서 피해를 최소화시키는 거 말이에요.

너 혹시 이건 아니?

대륙 이동설을 처음으로 주장한 알프레드 베게너

대륙 이동설을 처음으로 주장한 알프레드 베게너(Alfred Lothar Wegener 1880~1930)는 독일의 기상학자이자 지구 물리학자다. 린덴베르크 고층 기상대에서 근무하던 베게너는 1906년과 1912년 그린란드 탐험에 참가해 빙하의 이동을 보면서 새로운 생각이 떠올랐다.

탐험을 마친 베게너는 1915년 『대륙과 해양의 기원』이라는 저서를 출판했는데, 주요 내용은 대륙이 끊임없이 이동하고 있다는 주장이었다. 하지만 그의 대륙 이동설은 물리학자들로부터 엄청난 비난을 받았다. 매우 단단한 지표면이 이동한다는 건 불가능한 일이라는 것이었다.

그럼에도 불구하고 베게너는 1929년에 또다시 그린란드 탐험에 나섰다가 이듬해인 1930년에 행방불명되었다. 그리고 30여 년이 지난 1960년대에 이르러 음향 측심 장비와 고지자기학의 발전으로 해저 지형 연구가 활발해지면서 대륙이 이동하고 있다는 사실이 증명되었다.

3 지구상에 나타난 최초의 생명체, 남조류

　지구에 생명체가 어떻게 생겨났는지에 대해서는 여러 가지 의견이 있다고 해요. 다시 말하자면 확실하게 알고 있지 않다는 것이지요.

　다만 분명한 것은 지금으로부터 39~38억 년 전, 지구상에는 오늘날의 박테리아와 비슷한 형태의 생명체가 존재했다는 사실이랍니다. 그리고 또 한 가지, 그 당시 지구에는 오존층이 형성되어 있지 않았어요. 따라서 그 생명체는 물속에서 살면서 자외선을 피했다고 해요.

　그런데 동식물은커녕 균류마저 없었던 텅 빈 지구에서, 그 생명체는 과연 무엇을 먹고 살았을까요? 무척 궁금하지요?

1. 최초의 생명체는 무엇을 먹고 살았어요?

지금으로부터 39~38억 년 전에 최초의 생명체가 나타났다고 해요. 확실한 증거가 있다고 하니 믿을 수밖에 없는 일이지요. 그런데 은서는 도무지 이해되지 않은 한 가지 사실 때문에 고개를 계속해서 갸웃거렸어요.

어떤 생명체든 영양분이 있어야 살 수 있잖아요? 그런데 지구상에 나타난 최초의 생명체는 뭘 먹으며 생명을 유지했을까요? 온 지구를 통틀어 살아 있는 생명체라고는 그 자신이 유일했으니 말이에요.

결국 은서는 아빠한테 질문을 하지 않을 수 없었어요.

"아빠, 지구 최초의 생명체는 뭘 먹고 살았대요?"

아빠가 빙긋이 웃으며 대답했어요.

"우리 은서가 그 생명체의 먹잇감 생각에 한참 동안 빠져 있었던 모양이구나."

"어떤 생명체든 살아가기 위해서는 영양분을 섭취해야 하니까요."

"물론 에너지가 생명 유지에 반드시 필요한 요소라는 사실은 두말할 필요가 없겠지. 그런데 생명체 중에는 먹이 없이 자체적으로 영양분을 얻는 생물도 있단다."

깜짝 놀란 은서가 되물었어요.

"먹지 않고 사는 생물이 있다고요?"

"믿어지지 않니?"

"당연하지요! 먹지 않고 산다는 건 불가능한 일이니까요!"

"스스로 영양분을 얻는 생물을 독립 영양 생물이라고 하는데, 녹색 색소인 엽록소를 통해 광합성을 하는 남조류가 그 대표적인 예라고 할 수 있어. 이 생물들은 이산화탄소와 물 분자를 분해해 포도당과 산소로 재구성하는데, 이 과정에서 필요한 에너지를 태양 광선에서 얻는단다."

"아, 광합성이라는 게 있었구나!"

은서는 그동안 광합성이라고 하면 식물들이 햇볕에서 뭔가를 얻어 내는 줄로만 알았어요. 그런데 물과 이산화탄소를 이용해 영양분을 만드는 데 필요한 에너지를 얻는 거였어요.

은서가 고개를 끄덕이고 있을 때, 아빠가 느닷없는 질문을 했어요.

"지구 역사상 최초의 대기 오염 사태는 언제 일어났을까?"

"으음…… 대기를 오염시킨 물질이 배출된 건 석탄이나 석유를 사용한 이후부터였으니까, 대략 1900년대 초반이 아니었을까요?"

"대부분의 사람들이 너와 같은 생각을 하고 있을 거야. 하지만 지구 최초의 대기 오염 사태는 우리가 생각하는 것보다 훨씬 더 먼 과거에 일어났단다."

"그렇다면 언제쯤……?"

"쉽게 믿어지지 않겠지만, 지금으로부터 약 20억 년 전에 지구는 심각한 대기 오염으로 몸살을 앓았어."

"예? 20억 년 전이라면 지구에 남조류만 있을 때 아닌가요?"

"맞아. 바로 그때였지."

"에이, 말도 안 돼요! 동물은커녕 제대로 된 풀 한 포기 없는 황량한 지구에서 어떻게 대기 오염 사태가 벌어져요?"

"그래서 믿기 어려울 거라고 했잖니. 지금으로부터 39~38억 년 전 지구상에 처음으로 모습을 드러낸 남조류는 약 15억 년에 걸쳐 지구 전체로 퍼져 나갔어. 물론 오존층이 형성되기 이전이므로 자외선 때문에 육지에서는 살 수가 없었지. 하지만 햇볕이 잘 드는 얕은 바다는 온통 남조류 천국이었단다."

"그거랑 대기 오염이 무슨 상관이 있는데요?"

"남조류는 광합성으로 이산화탄소와 물 분자를 분해해 포도당과 산소로 재구성한다는 얘기 기억나니?"

"그럼요. 기억하고 있어요."

"그중에서 영양분인 포도당은 섭취하고, 생명을 유지하는 데 도움이 되지 않는 산소는 밖으로 배출해 냈어. 그런데 지구 전역을 남조류가 정복하다시피 하고 있었기 때문에, 약 22억 년 전부터 대기 중의 산소 농도가 급격하게 증가해 불과 몇 억 년 사이에 1%였던 것이 무려 22%에 이르게 된 거야."

"산소 농도가 높아진다는 건 좋은 거 아닌가요?"

"그건 오늘날을 살아가고 있는 우리 입장에서 바라봤을 때 얘기지."

"그렇다면 약 20억 년 전의 남조류한테는……?"

"이산화탄소가 우리한테 해로운 것처럼, 원시 유기체인 남조류한테 산소는 치명적인 독이었지. 결국 급속도로 높아진 대기 중 산소 농도는 생명체가 일으킨 지구 최초의 환경 오염이었던 셈이야."

남조류 스트로마톨라이트 화석

"입장을 바꿔서 생각해 보니 이해가 되네요. 그렇다면 당시의 환경 오염 결과는 어떻게 되었어요?"

"산소 농도가 급격하게 증가하면서 남조류는 위급한 상황에 처하게 되었어. 어떻게든 산소라는 치명적인 독이 자신들의 세포에 침투해 들어오기 전에 제거할 수 있는 방법을 찾아야만 했지."

"이제 겨우 만들어진 원시 생명체가 설마 그런 생각을 했을까요?"

"물론 우리들처럼 생각을 했다는 말은 아니야. 하지만 수억 년에 걸친 진화를 통해 산소를 포도당과 반응하도록 해서 물과 이산화탄소를 만들어 내도록 발전한 거야. 오늘날 세포 호흡이라고 하는 이 화학 반응은 세포의 활동에 필요한 에너지를 공급하기도 한단다."

"우아! 대단하다!"

은서는 놀라지 않을 수 없었어요. 비록 수억 년이라는 시간이 걸리기는 했지만, 멸종 위기에 처한 원시 생명체가 스스로 생명을 보존하고 번식할 수 있는 방법을 찾아냈으니까요.

어쨌든 이 방법으로 남조류는 모든 복잡한 생명체의 진화를 위한 기초를 다져 놓았어요. 산소 덕분에 호흡 작용도 가능해졌고요. 그리고 더 많은 세월이 흘러 산소는 오존층을 형성하게 되었고, 자외선을 막아 주는 오존층이 생기면서 생명체가 물 밖으로 나올 수 있는 계기를 마련해 주었다고 하네요.

물 한 방울 속 세상이 궁금했던 안토니 반 레벤후크

네덜란드에서 태어난 안토니 반 레벤후크(Anton van Leeuwenhoek, 1632~1723)는 현미경 전문가였다. 그는 다른 과학자들과는 달리 평범한 집안에서 태어나 포목상, 시청 수위 등의 직업을 거쳐 현미경 만드는 일을 시작했다.

레벤후크의 현미경 만드는 기술은 매우 뛰어났다. 특히 현미경 렌즈 연마에 관해서는 최고였다. 그런 그가 현미경으로 뭔가를 관찰하기 시작한 것은 뭔가 특별한 과학적 연구를 하기 위해서가 아니었다. 그저 자신이 만든 현미경의 성능을 확인하려 했을 뿐이었다.

따라서 그는 현미경 렌즈 위에 머리카락, 손톱, 티끌 등 아무것이나 올려놓았다. 그러던 어느 날, 레벤후크는 물방울 속 세상이 궁금해졌다. 그래서 현미경 렌즈 위에 물방울 하나를 떨어뜨려 놓고 관찰하기 시작했다.

물방울 속에는 갖가지 크기와 모양을 한 매우 작은 동물들이 바글거리며 살고 있었다. 엄청난 충격을 받은 레벤후크는 그 이후 극미 동물 연구에 본격적으로 뛰어들었다. 그리고 왕립 학회 회원으로 선발되고 나서는 원생동물과 박테리아를 최초로 식별해 냈다. 인류 과학사에 미생물학이라는 새로운 분야를 연 선구자로 거듭났던 것이다.

2. 수많은 생물들은 어떻게 생겨난 거예요?

약 20억 년 전까지만 해도 지구에는 오직 남조류만 살고 있었어요. 그런데 오늘날 지구상에는 대략 120만여 종의 동물과 50만여 종의 식물이 살아가고 있다고 해요.

참으로 놀라운 일이지요? 그 많은 종류의 생명체들은 언제 어떤 방법으로 생겨난 것일까요? 그래서 은서는 질문하지 않을 수 없었어요.

"오직 단세포 생명체인 남조류만 있었던 지구상에, 어떻게 오늘날과 같이 많은 동식물들이 자리를 잡게 된 거예요?"

곧바로 아빠의 설명이 이어졌어요.

"지구 유일의 생명체였던 남조류는 제각각 주어진 환경에서 살아남아 번식을 해 가는 과정을 통해, 미약하지만 끊임없는 진화를 거듭해 왔어. 하지만 생명체의 진화란 어떤 계획이나 목표가 정해져 있는 것이 아니야. 또한 언제 어떤 돌연변이가 생겨 획기적인 변화가 일어날지 짐작할 수조차 없는 것이 진화거든."

"진화라는 걸 조금 더 자세하게……."

"어떤 생물이 오랜 세월 동안 여러 세대를 지나면서 주변 환경에 적응해 몸의 구조나 생김새가 변화되어 가는 과정을 진화라고 한단다. 다시 말해 진화라는 것은 생물이 환경에 적응하는 과정에서 나타나는 현상이기 때문에 구조나 기능이 점점 더 복잡한 방향으로 발달하는 경향이 있어."

"예를 든다면 어떤 것이 있는데요?"

"가장 대표적인 예가 시조새의 화석이야. 시조새의 화석을 보면 부리에 날카로운 이빨이 있고, 날개로 변한 앞다리 끝에는 발톱이 달린 발가락이 붙어 있어. 파충류와 조류의 특징을 모두 갖고 있다는 말이지. 이는 곧 파충류의 한 갈래가 조류로 진화했다는 증거인 셈이야. 그리고 박쥐나 새, 그리고 고래 등이 갖고 있는 앞다리 뼈의 근본 구조는 같지만 현재의 모양과 기능은 모두 달라. 이러한 현상 역시 먼 옛날 공동의 조상에서 제각각 살아온 환경에 따라 전혀 다른 모습으로 진화해 왔다는 사실을 확인할 수 있단다."

"그러니까 진화라는 건 그때그때의 환경에 가장 잘 적응한 개체가 살아남아 번식을 했고, 그런 현상이 반복되면서 점점 다양한 종으로 발전해 왔다는 말이네요."

"우아, 우리 은서가 아주 대단한데! 진화에 대한 이론을 확립한 영국의 생물학자 찰스 다윈(Charles Robert Darwin, 1809~1882)이 자신의 저서 『종의 기원(정식 명칭 : 자연 선택에 의한 종의 기원에 관하여)』을 통해 하고자 했던 얘기가 바로 그거였거든."

"헤헤!"

아빠의 칭찬에 은서의 어깨가 으쓱해졌어요. 사실 은서는 다윈의 위인전을 읽은 적이 있었어요. 그런데 진화에 대해서는 확실히 이해를 못하고 있던 터에, 아빠의 설명을 듣고 정확하게 알게 된 거예요.

"이제 진화가 뭔지는 알겠지?"

"네. 그런데 돌연변이는 아직……."

아빠가 고개를 끄덕이며 설명을 이어 갔어요.

"돌연변이라는 것은 유전 물질인 DNA가 갑자기 변해 자손에게 전달되는 현상을 일컫는 말이야. 이러한 돌연변이는 유물질의 복제 과정에서 우연히 발생하기도 하고, 방사선이나 화학 물질 등에 노출되는 등 외부 요인 때문에 생겨나기도 해. 자연 발생적인 돌연변이는

DNA 복제를 100만 번 했을 때 한 번 정도의 비율로 일어나는데, 방사선이나 화학 물질의 영향을 받으면 횟수가 훨씬 잦아진단다."

"돌연변이라는 게 생명체의 진화에 어떤 영향을 주었던 거예요?"

"돌연변이는 말 그대로 돌연히 일어나는데, 그전에는 볼 수 없었던 특성이 자손에게 새로 나타나, 부모와는 크게 다른 모습과 성향을 보이는 경우가 많단다. 조상보다 훨씬 강하거나 약한 자손이 태어나기도 해. 그런데 약한 개체는 머지않아 도태되어 사라지는 반면, 강한 개체는 그 반대 현상을 보이게 되겠지. 당당하게 살아남아 자신이 가진 유전자를 후손에게 물려주는 거야. 그런 일이 몇 억 년에 걸쳐 거듭 반복되면서 생명체는 점점 더 다양한 형태로 진화해 나갔어."

"결과적으로 지구상에 살고 있는 모든 생명체는 시간의 흐름과 함께 환경에 적응하면서 진화와 돌연변이를 통해 단순한 것에서 복잡한 것으로, 하등 생물에서 고등 생물로 변화해 왔다는 말이네요."

"그렇지. 다만 그 시간의 단위가 수천만 년에서 수억 년이라는 사실을 명심해야 해. 수생 식물이 어느 날 갑자기 육지로 올라와 자리를 잡는다거나 하는 일은 벌어지지 않았다는 얘기야."

은서는 고개를 끄덕였어요. 그런 일이 짧은 기간을 통해 이루어졌다고 하면 억지로 꿰어 맞춘 이야기라고 할 수 있겠지만, 머릿속으로 상상할 수조차 없을 만큼 오랜 세월을 통해 얻어진 결과이니만큼 충분히 이해가 되었던 거예요.

잠시후, 은서는 아빠가 건네준 생물 분류표를 찬찬히 훑어보았어요. 처음에는 그저 복잡하기만 해 뭐가 뭔지 알아볼 수가 없었는데, 생명체의 진화 과정을 떠올리면서 차분하게 들여다보니 표 속 내용이 조금씩 눈에 들어오기 시작했어요.

생물학의 기초가 된 찰스 다윈의 책 『종의 기원』

『종의 기원(On the Origin of Species by Means of Natural Selection)』은 영국의 생물학자인 찰스 로버트 다윈이 최초로 진화론과 자연 선택설에 대하여 서

술한 책으로, 1859년에 출간되었다. 이 책은 신의 존재와 세상은 영원 불변하다는 사상이 팽배했던 서구 사회의 근본을 뒤흔들어 놓았다. 그 결과 다윈은 종교계와 과학계 저명인사들로부터 엄청난 공격을 받았다.

아직까지도 『종의 기원』에서 주장한 진화론은 '우주 만물은 신이 창조했다'고 여기는 종교계의 공격을 받고 있다. '인간은 원숭이로부터 진화했다'는 부분을 인정할 수 없다는 것이다. 하지만 그것은 책의 내용을 제대로 파악하지 못한 사람들의 오해일 가능성이 매우 높다. 인간이 원숭이로부터 진화한 것이 아니라, 인간과 원숭이의 아주 먼 공통된 조상으로부터 어느 한 시점에서 분화되었다고 이해하는 것이 바람직하기 때문이다.

어쨌든 『종의 기원』이 세상에 나온 지 150여 년이 훌쩍 지났다. 그동안 『종의 기원』은 끊임없이 발전을 거듭해 온 생물학과 함께 이론적으로 함께 진화해, 생물학의 기초이자 생물학 역사상 가장 중요한 책으로 자리 잡게 되었다.

4 캄브리아기에 바다에서 일어난 엄청난 변화

　공룡과 같이 이미 멸종했거나 오늘날 지구상에 살고 있는 모든 동물들의 가장 오래된 조상은 약 5억 4천만 년 전 '캄브리아기의 폭발'이라고 불리는 시기에 나타났대요. 그 당시 엄청나다는 말 이외에는 달리 표현할 방법이 없을 만큼 생물의 종이 폭발적으로 증가해 '캄브리아기의 폭발'이라고 부르게 되었다고 해요.

　그런데 무려 10억 년 이상 눈에 띌 만한 변화를 보이지 않고 있던 원시 바다의 고요한 물속에서, 왜 그때 헤아릴 수 없을 만큼 많은 동식물이 갑자기 나타났는지에 대해서는 지금까지 아무것도 밝혀진 게 없답니다. 생명체의 종류가 갑자기 폭발적으로 불어났다면 분명히 그럴 만한 이유가 있을 텐데 말이에요.

1. 원시 바다에서는 어떤 동물들이 살고 있었어요?

지금으로부터 약 5억 4천만 년 전, 원시 바다의 밑바닥에는 삼엽충과 해파리를 비롯한 여러 생물들이 살고 있었어요. 눈에 잘 띄지 않는 작은 생명체들까지 포함하면 그 당시의 해저는 발 디딜 틈이 없을 만큼 북적였다고 하네요.

또한 현대 어류의 조상이라고 할 수 있는 갑주어류 동물도 있었는데, 이 동물들은 갑옷으로 무장해 집게발을 가진 절지동물의 사나운 공격을 이겨 내면서 다양한 진화 계통으로 분화해 5천만 년 이상 번성했답니다.

은서는 캄브리아기에 생명체의 종류가 폭발적으로 늘어난 이유가 궁금했지만 아직까지 밝혀진 것이 없다고 하니 어쩔 수 없었어요. 그 대신 당시를 살았던 생물들에 대한 질문을 할 수밖에 없었어요.

"아빠, 혹시라도 캄브리아기에 살았던 생물 중에서 제가 알고 있는 것도 있을까요? 물론 지금까지 옛 조상들의 모습을 그대로 간직하고 있지는 않겠지만 말이에요."

아빠가 입가에 미소를 머금으며 되물었어요.

"혹시 삼엽충이라고 들어 봤니?"

"삼엽충이라면…… 혹시 타원형 등에 빗살 무늬가 촘촘하게 새겨져

있는 화석으로 유명한 생물 아닌가요?"

"맞아, 바로 그거야."

"히야! 내 예상이 맞았네. 삼엽충은 어떤 생명체였어요?"

"삼엽충은 캄브리아기 초기인 5억 4천만 년 전 고생대 캄브리아기에 처음으로 나타난 바다 생물이야. 새우처럼 떠다니면서 영양분을 걸러먹거나 바닥에 가라앉은 유기물 조각을 주워 먹으며 살았는데, 몸의 크기는 1mm에서 72cm에 이를 만큼 다양하단다. 삼엽충은 지구상에 최초로 등장한 절지동물로 알려져 있어. 그리고 캄브리아기 생태계에서 주도적인 위치를 차지하고 있었지. 하지만 약 2억 3천만 년 전쯤 완전히 자취를 감추었는데, 새로운 포식자로 등장한 초기 어류 때문이었을 것으로 추측하고 있단다."

"또 다른 생물로는 어떤 것들이 있었어요?"

"몸길이가 50cm에서 2m에 이르는 커다란 포식 동물 '아노말로카리스'가 있었어. 라틴어로 '이상한 새우'라는 이름의 이 동물은 가오리와 새우를 섞어 놓은 것 같은 생김새를 하고 있는데, 삼엽충을 비롯한 여러 동물들을 잡아먹었을 거야. 그리고 작은 공같이 생긴 눈 다섯 개를 갖고 있었던 '오파비니아'도 있었고, 생명체 중에서 최초로 동족을 잡아먹은 '오토이아'라는 벌레도 있었단다."

"그렇다면 척추동물은 언제……?"

"척추동물 이전에 척삭동물이 나타났어."

"척삭동물은 또 뭔데요?"

"척삭이라는 것은 척수 아래로 뻗어 있는 연골로 된 줄 모양의 물질로, 척추의 기초가 되는 초기 기관이야. 그러니까 척삭동물은 비록 단단한 뼈를 갖지는 못했지만, 몸을 지탱해 주는 연골의 골격을 갖고 있어서 몸통을 좌우로 흔들며 헤엄치듯 빠른 속도로 이동할 수 있었어."

"그러니까 척삭동물이라는 건 척추동물로 진화하기 전 단계에 있었던 종이라고 이해하면 되는 거예요?"

"그런 셈이지. 캄브리아기의 대표적인 척삭동물로는 '피카이아'가 있었는데, 몸길이가 겨우 3~5cm에 불과한 이 동물이 사람을 포함한 포유류·파충류·양서류·조류·어류 등 척추동물의 고대 조상일 가능성이 무척 높은 것으로 알려져 있단다."

"후유, 단계가 엄청 복잡하네요!"

"무려 2~3억 년에 걸쳐 벌어진 일이잖니. 따라서 간단한 게 오히려 비정상적일 거 같은데? 어쨌든 고생대 실루리아기에 나타나 번성했던 케팔라스피스의 한 종류인 헤미시클라스피스는 움직임이 가능한 부속 기관이 달린 최초의 척추동물이었던 것으로 알려져 있어. 이 동물은 바닷물을 마셔 유기 퇴적물을 걸러 먹었는데, 오늘날 우리가 볼 수 있는 칠성장어의 먼 조상이었을 것으로 추측하고 있단다."

아빠의 설명을 듣고 있던 은서는 한 가지 궁금증이 생겼어요. 수억 년 전에 살았던 생물들을 도대체 어떻게 알아내 연대별로 정리한 것인지, 그 내용이 정확하기는 한 것인지 고개가 갸웃거려졌던 거예요.

"아빠, 과학자들은 화석만 보고 어떻게 그 오랜 옛날의 생명체들을 요리조리 구분하거나 분류할 수 있어요? 제각각 모양만 다를 뿐, 모두 다 굳어 돌이 되어 버린 것들인데 말이에요."

"화석이라는 것은 과거 지구에 살았던 동물이나 식물의 잔해나 흔적이 오늘날까지 보존되어 있는 것들을 통틀어 부르는 말이야. 따라서 화석은 생명의 역사를 재구성하는 데 매우 중요한 자료라고 할 수 있지. 화석이 된 생명체의 골격이나 발자국 등을 통해 생김새나 행동 양식을 알아내는 한편, 그 당시의 환경까지도 추측할 수 있어. 그런데 과학자들은 동위 원소 측정 방법으로 화석을 남긴 생명체가 살았던 연대를 알아낼 수 있단다."

"동위 원소 측정이라는 게 뭔데요?"

"화학적 성질은 같지만 질량수가 다른 원소를 동위 원소라고 하는데, 이 동위 원소는 일정 기간이 지나면 다른 물질로 변해. 예컨대 우라늄 동위 원소는 납으로 변하고, 특정 종류의 탄소 동위 원소는 질소로 변하지. 이와 같은 동위 원소의 변화 방식과 범위를 연구해 암석의 연대 측정이 가능한 거야."

"엄청 어렵다. 하여튼 과학자들은 정말 대단하다는 생각이 들어요."

"그럼, 대단하고말고! 18세기까지만 해도 화석이 수억 년 전에 살았던 생명체의 잔해가 아니라 노아의 홍수 때 죽은 동식물의 흔적이라고 여겼어. 그런데 1946년 미국의 물리학자 윌리엄 리비가 동위 원소 측정법을 개발한 이후부터 모든 것이 바뀌게 되었지."

한꺼번에 너무 많은 이야기를 들어서인지, 은서는 머릿속 생각들이 뒤엉켜 혼란스럽다는 생각을 했어요. 그래서 분위기를 바꾸기 위해 새로운 질문을 했답니다.

"참! 육지 생물들은 언제쯤, 어떻게 나타난 거예요?"

"지금으로부터 약 4억 5천만 년 전인 오르도비스기 말기에, 오늘날의 아프리카·남아메리카·오스트레일리아·인도·남극 대륙 등이 뭉쳐 있던 곤드나와 대륙 일부가 점점 더 남극 방향으로 이동해 빙하로 덮이게 되었어. 이 시기를 '오르도비스기 빙하기'라고 하는데, 이 빙하기를 전후해 물속 식물들이 육지로 나올 수 있게 되었지."

"날씨가 추워지면 육지로 나오기가 더욱 어려워지는 거 아닌가요?"

"물론 그렇지."

"그런데 어떻게……?"

"기온이 내려가 바닷물이 얼면 지구 전체의 해수면은 어떻게 될까?"

"으음, 당연히 낮아지겠지요!"

"바로 그거야. 오르도비스기 빙하기 때 해수면이 낮아지면서 얕은 물에서 살던 식물들이 물위로 드러나게 되었어. 그래서 대부분 말라 죽고 말았지."

"하지만 적응력이 뛰어난 몇몇 종은 기어코 살아남았겠군요?"

"딩동댕! 정답이야. 그렇게 해서 뭍으로 나온 수생 식물이 육지에 완전히 적응한 것은 지구의 대기에 산소 농도가 높아져 오존층이 형성된 4억 4천만 년 전후였단다."

아빠가 짝짝짝 박수를 쳐 주었어요.

은서는 고개를 끄덕였어요. 생명의 진화는 결국 적응력에 의해 판가름이 났다는 생각이 들었던 거예요. 그건 오늘날을 살아가고 있는 사람들도 마찬가지겠지요. 모두들 적응력을 높이기 위해서 열심히 배워 익히고, 직간접적인 경험을 쌓고 있는 것일 테고요.

너 혹시 이건 아니?

육지에서 자란 최초의 식물 쿡소니아와 바라과나티아

최초로 육지에 올라와 뿌리를 내린 식물로 알려진 쿡소니아와 바라과나티아는 고생송엽란류에 속하는 식물이었다. 줄기 안에 물과 양분이 이동하는 통로인 관다

발을 가진 최초의 식물이기도 한 쿡소니아와 바라과나티아는, 황량한 육지로 올라와 진화해 가면서 다른 동물과 식물들이 육지에 살 수 있는 기반을 마련해 주었다.

쿡소니아와 바라과나티아는 줄기와 잎을 포함해 구조가 복잡했지만, 꽃을 피우지 않고 줄기 끝에 달린 포자낭을 통해 번식했다. 이들 식물이 육지에 정착한 후 육상 식물들은 빠르게 진화했다. 하지만 당시의 식물들은 지금의 식물들과는 많이 달랐다. 뿌리가 발달하지 않아 줄기의 일부가 뿌리 역할을 했으며, 잎이 발달하지 않아 줄기가 광합성을 담당했다.

쿡소니아

바라과나티아

2. 최초로 육지에 올라온 동물은 어떤 종류였어요?

물속에 살던 식물이 육지로 올라온 이후, 동물 역시 그 뒤를 따라 상륙하게 되었답니다. 대기에 산소 농도가 높아져 오존층이 형성되면서 자외선이 차단되자 물 밖으로 나와서도 살 수 있게 된 거예요.

그런데 동물이 육지로 나오게 된 과정에 대해 의구심이 생긴 은서가 질문했어요.

"움직일 수 없는 식물은 해수면이 낮아지면서 어쩔 수 없이 육지로 나오게 되었지만, 동물은 무엇 때문에 육지로 올라왔을까요? 물 밖 환경이 자신들의 몸에 맞지 않아 생명의 위협을 받았을 텐데 말이에요."

아빠는 마치 은서의 그런 궁금증을 예상이라도 하고 있었던 것처럼, 곧바로 설명을 해 주었어요.

"육지로 올라온 동물들 역시 식물이 그랬던 것처럼 여러 가지 어려움이 있었지. 무엇보다 큰 난관은 호흡이었어. 바다에 살 때는 물속에 녹아 있는 산소를 걸러 흡수했지만, 뭍으로 나온 이후에는 산소를 직접 마셔야 했거든."

"언제쯤 육지로 올라왔는데요?"

"지금으로부터 5억 8천만 년 전부터 2억 2500만 년 전까지의 고생대는 캄브리아기·오르도비스기·실루리아기·데본기·석탄기·페름기 6기로 나뉘는데, 이 중에서 네 번째인 데본기는 3억 9500만 년 전부터 3억 4500만 년 전까지의 기간이야. 그런데 동물이 육지로 올라온 시기는 약 3억 5천만 년 전인 데본기 후반일 것으로 추측하고

원시 양서류 익티오스테가

있어."

"무엇 때문에 육지 생활을 시작했던 거예요?"

"그 까닭을 정확하게 알 수는 없지만, 고생물학자들은 두 가지 원인으로 수생 동물이 뭍으로 상륙하게 되었을 것이라는 생각을 하고 있단다. 그중 하나가 천적을 피하기 위한 도피였을 거라는 주장이야."

은서가 고개를 갸웃거리며 물었어요.

"천적이 데본기 후반에 갑자기 나타난 건 아닐 텐데요?"

"옳은 지적이다. 그런데 데본기 후반의 지층과 암석을 분석해 본 결과, 당시에 매우 심각한 가뭄이 오랫동안 지속된 적이 있었던 것으로 밝혀졌어. 그 가뭄 때문에 해수면이 무척 낮아졌고, 상대적으로 몸집이 작은 동물들은 포식자를 피해 몸을 숨길 공간이 크게 줄어들었지. 결국 포식 동물 중 일부는 천적을 피해 담수로 진출해 담수 어류의 조상이 되었고, 또 다른 일부는 육지 가까운 모래나 갯벌로 삶터를 옮겨 살기도 했어. 그 이후 세월이 흐르면서 지느러미를 이용해 기어 다니는 동물이 생겨나게 되었다는 주장이지."

"그리고 지느러미가 다리로 발전했다는 얘기네요?"

"그렇지."

"또 다른 한 가지 주장은요?"

"밀물과 썰물 등 조류 현상 때문에 경사가 완만한 해안 주변에는 일찌감치 모래사장이 만들어졌어. 그런데 바닷물과 함께 밀려온 것은 모래뿐만이 아니었지."

"아직 다 자라지 않은 어린 물고기들이나 몸집이 작은 동물들 역시 파도에 휩쓸려 바닷가로 밀려왔겠지요."

아빠가 고개를 끄덕이며 설명을 이어 갔어요.

"그중 대부분은 몸이 물 밖으로 드러나는 바람에 죽어 갔어. 하지만 일부는 모래 주변의 환경에 적응하게 되었고, 오랜 세월의 흐름과 함께 보다 풍부한 먹이와 새로운 공간을 찾아 육지 동물로 진화하게 되었다는 주장이야."

"바다 동물이 육지로 올라왔다는 이야기가 머리로는 이해가 되는데, 솔직히 말하자면 가슴에 확 와 닿지는 않아요."

은서의 심드렁한 반응에 아빠가 아무렇지도 않다는 듯 말했어요.

"당연히 그렇겠지."

"어? 당연하다면, 다른 사람들도 그렇다는 건가요?"

"대다수가 너랑 같은 느낌일 거야!"

"왜 그런 건데요?"

"단군 할아버지 때부터 오늘날까지, 오천 년 우리 역사를 말할 때 장구한 세월이라고 해. 매우 길고 오랜 세월이라는 뜻이지. 그런데 바다에 살던 동물이나 식물이 뭍으로 올라와 살게 된 건 오천 년이라는 긴 우리 역사보다 수십 수백 배나 더 많은 세월을 거친 다음에야 가능해졌거든."

"……?"

"다시 말하자면 바다 생물이 육지로 올라오기까지 걸린 세월을 우리는 감히 상상할 수조차 없기 때문에 실감이 되지 않는다는 얘기야."

"이제 알겠어요. 5년이나 10년 정도에 걸친 변화라면 머릿속으로 그려 볼 수 있지만, 수억 년은 아예 엄두가 나지 않으니 가슴에 와 닿지 않는다는 거잖아요."

"이해가 되었다니 다행이구나. 어쨌든 처음으로 육지로 올라온 동물은 오늘날의 발톱 벌레와 비슷한 형태의 초식성 무척추 동물이었던 것으로 짐작되는데, 뒤따라 올라온 거미나 전갈 같은 육식성 절지동물 때문에 육지를 정복했던 기간은 그다지 길지 않았어."

"불쌍하다! 그 오랜 세월동안 대를 이어 진화해 1등으로 육지 동물이 되었는데, 결국 2~3등을 한 포식자들의 먹이가 되고 말다니……."

은서의 아쉬움 섞인 푸념에 아빠가 빙그레 웃으며 말했어요.

"최초의 육지 동물 입장에서 보면 그렇기도 하구나. 여하튼 육지로 올라온 동물들이 자리를 잡아가는 동안, 바다에서는 각종 척추동물들이 새로운 특징을 가진 형태로 진화해 나갔단다."

"몸집이 커다란 동물들 역시 생겨났겠지요?"

"맞아! 그 대표적인 것이 오늘날까지 바다 최고의 포식자로 알려진 상어야."

"그 오랜 옛날부터 상어가 있었던 거예요?"

"지금까지 발견된 상어 화석 중에서 가장 오래된 화석 연대는 3억 9천만 년 전까지 거슬러 올라갈 정도지. 그 이후 상어 역시 다양한 형태로 진화를 해 왔어. 하지만 기본적인 형태가 지금까지 제일 잘 유지된 동물이 바로 상어란다. 오늘날의 상어와 데본기에 살았던 약 3억 5천

고대 상어

스테타칸투스

히보두스

만 년 전 상어의 모습이 거의 같아 보일 정도야. 그 당시 상어의 겉모습이 워낙 완벽하게 만들어진 까닭에 외형을 바꾸어 진화할 필요가 없었던 까닭이겠지."

은서는 고개를 끄덕였어요.

은서는 그동안 오랜 세월이 지나면 무조건 외형이 바뀌는 것으로만 생각했어요. 하지만 반드시 그런 것만은 아니네요. 상어가 그 오랜 세월 동안 바다를 지배하고 있는 데에는 그럴 만한 이유가 있었던 거예요.

너 혹시 이건 아니?

고래보다 몸집은 작지만, 포악한 동물로 낙인찍힌 상어

바다에서 가장 큰 동물은 흰수염고래로, 성체의 크기가 23~27m 정도에 몸무게는 160톤에 이른다. 상어 역시 몸집이 가장 큰 종류는 18m까지 자라지만, 흰수염돌고래와 비교할 정도는 아니다.

그럼에도 불구하고 대부분의 사람들은 상어를 최고로 포악한 동물로 인식하고 있다. 하지만 사실상 대부분의 상어는 인간에게 위협을 가하지 않는다. 다만 백상아리를 비롯한 뱀상어, 황소상어 등 몸길이 4~6m 정도의 몇몇 종이 위험할 뿐이다.

  상어 중에서 가장 큰 고래상어나 몸집이 10m가 넘는 돌목상어 등 몸집이 큰 상어는 대부분 그물처럼 생긴 아가미로 물을 걸러 플랑크톤을 먹고 산다. 바다에서 일어난 상당수의 사고가 상어의 공격이 아니라, 보트가 상어와 부딪친 경우가 상당히 많다.

5
쥐라기, 그리고 새롭게 등장한 공룡의 시대

　지구상의 식물은 석탄기, 즉 3억 4500만 년 전에서 2억 8천만 년 전까지의 기간에 놀라울 만큼 번성했대요. 무덥고 습기가 많은 기후의 영향을 받아 습지를 중심으로 넓고 무성한 숲이 형성되었던 거예요. 식물의 이와 같은 번성은 여러 동물들의 증식에도 크게 기여했어요.
　햇빛을 막아 주는 그늘과 많은 습기는 양서류의 등장을 부추겼고, 여러 절지동물의 몸집이 커졌다고 해요. 오늘날의 노래기와 비슷한 '아르트로플레우라 아르마타'의 몸길이는 1.8m나 되었고, 먹이를 충분히 섭취한 오늘날의 잠자리라고 할 수 있는 '메가네우라'는 날개의 길이가 무려 70cm에 이를 정도였답니다.

1. 쥐라기 공룡 시대는 어떻게 열리게 되었던 거예요?

공룡이 살던 시대에 대한 이야기를 들려준다던 아빠의 말에 은서는 자연스럽게 쥐라기를 생각했어요. 세계적으로 널리 알려진 영화 〈쥐라기 공원〉을 본 적이 있었기 때문이었지요.

그런데 아빠는 그보다 한참 이전에 있었던 페름기에 대한 얘기를 꺼냈어요.

"페름기는 지금으로부터 2억 7천만 년 전부터 2억 3천만 년 전까지의 지질 시대를 부르는 명칭이야. 그런데 그 시기에 46억 년 지구 역사상 가장 큰 대멸종 사건, 그러니까 '페름기의 대재앙'이라는 별칭으로 불릴 만큼 엄청난 일이 벌어졌단다."

"대멸종이라면 거의 모든 생명체들이 목숨을 잃었다는 건가요?"

"그렇지. 지구상에 동물이 나타난 이후 최소한 11차례의 멸종이 있었는데, 그중에서 규모가 컸던 다섯 차례의 멸종 사건을 대멸종이라고 한단다. 그런데 2억 4500만 년 전 페름기에 있었던 대멸종 사건은 더더욱 규모가 커서, 목숨이 붙어 있는 모든 생명체 중 96%가 사라져

5장 쥐라기, 그리고 새롭게 등장한 공룡의 시대 97

버렸어."

은서는 벌어진 입을 한참 동안 다물 수가 없었어요. 그 정도의 수치라면 사실상 지구상의 모든 생명체가 목숨을 잃었다고 해도 과언이 아닐 테니까요.

"그 이전의 석탄기 때는 동식물들이 크게 번성했었다면서 어떻게 갑자기 그런 참혹한 일이 벌어졌을까요?"

"학자들은 혜성과의 충돌이나 화산 폭발 등 여러 가지 가설을 내세우고 있는데, 최소 두 가지 이상의 원인이 복합적으로 작용했기 때문에 그와 같은 최악의 사태가 벌어졌을 것이라는 주장도 있단다."

"두 가지 이상의 원인이라면……?"

"석탄기 때 엄청나게 번성한 식물이 앞에서 말한 두 요인 중 하나와 더해져 결정적인 역할을 했을 거라는 주장이야."

"식물이 어떻게 모든 생명체의 멸종에 영향을 줄 수가 있다는 말인가요?"

"그 당시까지만 해도 수명이 다한 식물을 분해할 수 있는 박테리아가 없었단다. 따라서 지구상의 모든 식물은 수백만 년 동안 분해되지 않은 채 쌓여 가고 있었어. 그런 상황에서 혜성과 충돌을 하거나 화산이 폭발해 불이 붙었다고 생각을 해 보렴."

"세상에! 수백만 년 동안 켜켜이 쌓인 식물들이 타들어 가기 시작해 지구가 맨 처음 생성될 때처럼 불바다가 되었겠군요."

"지구는 갑자기 뜨겁게 타오르는 행성이 되었고, 0.05% 이하에 머물러 있던 대기 중 이산화탄소 농도 또한 느닷없이 15%에 이를 정도가 되었지. 이산화탄소 때문에 생긴 온실 효과는 해가 갈수록 악순환을 거듭했고……. 그와 같이 갑작스러운 환경 변화에 적응해 생명을 유지할 수 있는 생명체는 거의 없어. 그래서 지구 역사상 최악의 멸종 사태가 벌어진 거지."

"아!"

은서의 입에서 신음 같은 감탄사가 터져 나왔어요. 한편으로는 무서우면서도, 또 다른 한편으로는 우리가 살고 있는 지구라는 행성의 역사가 그저 신비롭게 여겨졌던 거예요.

잠시 후, 아빠의 이야기가 계속되었어요.

"그런 최악의 상황을 이겨 내고 목숨을 보존한 생명체들이 있었어.

그 비율은 불과 4% 정도에 지나지 않았지만 말이다."

"당시의 지구는 가까스로 살아남은 생명체들에게도 좋은 환경은 아니었겠지요."

"당연히 그랬겠지. 그럼에도 불구하고 그 생명체들은 몇 백만 년이라는 짧은 기간에 분화에 성공했고, 그 이후 1억 8천만 년 동안 폭발적인 번식과 진화를 거듭해 지구를 채워 나갔어."

"어떤 생명체들이었는데요?"

"포유류와 조류가 새로 모습을 드러냈단다. 하지만 그들은 지배자가 아니었어."

"그렇다면 어떤 동물이……?"

"석탄기에 처음 등장한 이후, 꾸준히 진화를 거듭해 물 밖 생활에 완벽하게 적응한 파충류였지."

"아싸! 드디어 공룡 시대가 열린 건가요?"

기다렸던 이야기가 나오자 은서의 눈동자가 그 어느 때보다 반짝였어요. 하지만 아빠가 고개를 가로저으며 말했어요.

"네가 너무 앞질러 나간 듯싶다. 공룡 시대에 들어가기 전에 수궁류에 대해 알아볼 필요가 있는데 말이다."

"수궁류라고요? 그건 처음 들어 본 말인데……."

"수궁류는 턱이나 두개골의 구조, 그리고 앞니와 송곳니가 분화된 점으로 미루어 보았을 때 포유류의 조상일 가능성이 매우 높은 종이야. 게다가 수궁류 중 키노돈트류의 일부는 온몸이 털로 덮여 있었어. 다시 말하자면 지구상에 나타난 최초의 온혈 동물이었다는 말이지. 그래서 수궁류를 '포유류형 파충류'라고 부른단다."

"헐! 우리가 파충류의 후손이라니……."

"그런데 이 수궁류가 포유류의 직접적인 조상이라고 확신할 만한 화석은 아직 발견되지 않았어. 예컨대 알을 낳는 보통 파충류와는 달리 새끼를 낳았다면 그 방법은 어떠했는지, 그리고 갓 태어난 새끼한테 젖을 먹인 종이 얼마나 있었는지 등에 대한 증거가 없다는 얘기야."

"그럼에도 불구하고 포유류의 조상일 것으로 여기는 까닭은요?"

"온혈 동물이었던 수궁류 중 일부는 훗날 포유류와 비슷한 땀샘까지 발달해 체온을 스스로 일정하게 유지할 수 있었거든. 또한 땀샘이 진화해 젖샘이 만들어지면서 어미가 새끼한테 젖을 먹여 키우기 시작했으니까."

"아, 젖을 먹인다고 해서 포유류라고 하는구나!"

"그렇지. 수천만 년 동안 진화를 거듭해 온혈 동물이 되었고, 젖을 먹여 갓 태어난 새끼를 효과적으로 기를 수 있다는 것은 대단한 성과였어. 하지만 그 이후 지구를 지배한 종은 수궁류나 포유류가 아니었어."

원시 포유류
메가조스트로돈

원시 파충류
프로토로사우르스

"그렇다면 공룡이……?"

"맞아! 파충류 중 일부인 조치류에서 공룡이라는 엄청난 동물이 나타나고 있었던 거야. 결국 포유류는 상대적으로 약한 수궁류 중 일부가 살아남기 위해 몸부림을 치며 진화한 결과 나타난 종이었던 셈이야."

언제 어떤 방법으로 찾아올지 모르는 지구 대멸종

지구가 탄생한 이후 46억 년을 지나는 동안 열한 차례에 걸쳐 생물이 크게 멸종하는 사건이 있었다. 그중에서 규모가 매우 큰 다섯 번의 멸종 사건을 '대멸종'이라고 부르는데, 그 내용은 다음과 같다.

- 1차: 4억 4300만 년 전 – 고생대 오르도비스기/고생대 실루리아기 경계
- 2차: 3억 7천만 년 전 – 고생대 데본기/고생대 석탄기 경계

- 3차: 2억 4500만 년 전 – 고생대 페름기/중생대 트라이아스기 경계
- 4차: 2억 1500만 년 전 – 중생대 트라이아스기/중생대 쥐라기 경계
- 5차: 6500만 년 전 – 중생대 백악기/신생대 제3기 경계

그런데 일부 과학자들은 현재 여섯 번째 대멸종 사건이 진행되고 있다고 주장하고 있다. 그런데 다가오고 있는 이번 멸종은 이전과 같은 자연 현상이 아닌 인간의 생태계 파괴가 직접적인 원인이 되고 있다는 것이다.

여섯 번째 대멸종에 대한 논쟁은 무척 뜨거워지고 있지만, 아직까지 결정적인 징후는 나타나지 않고 있다. 언제 어떤 방법으로 대멸종 사건이 터질지, 나아가 그 범위는 어느 정도쯤일지 두려울 뿐이다.

2. 공룡이 지배했던 지구는 어떤 모습이었을까요?

파충류는 중생대에 매우 번성해 무척 다양한 형태로 진화했다고 해요. 하지만 세월이 지나면서 여러 가지 이유로 대부분이 멸종하고 현재는 악어, 거북, 도마뱀을 포함한 뱀, 스페노돈 등만이 남아 있대요.

"공룡(dinosaur)이라는 영문 용어는 데이노스 사우르스(deinos sauros)라는 그리스어에서 유래했는데 '무서운 도마뱀'이라는 뜻을 담고 있단다. 동서양에서 공룡 화석은 고대부터 발견되었어. 그런데 서양 사람들은 그 화석을 부정적으로 받아들여 괴물의 잔해라고 여긴 반면, 동양에서는 긍정적인 의미의 상상 속 동물인 '용'이라고 생각했지."

"아, 그래서 뜻하지 않은 기쁜 일이 생기면 용꿈 꾸었냐고 하는 거구나! 그리고 용상, 용포, 용안, 용루 등 임금과 관련된 것 중에 용이라는 말이 유난히 많이 들어간 것도 그 때문이고······."

"네 말이 맞아. 우리나라에서 용은 최고 권력자를 지칭하는 한편, 행운의 상징이기도 했거든."

"그런데 공룡은 어떻게 갑자기 나타나 지구를 지배하게 된 거예요?"

은서의 질문에 아빠가 고개를 저으며 대답했어요.

"이 세상에 갑자기 나타난 생명체는 없어. 공룡 역시 마찬가지여서 초기에는 오늘날의 칠면조보다 조금 더 큰, 하지만 지능은 약간 낮은 '에오랍토르'가 주류를 이루었던 것으로 추측하고 있어."

"그렇게 작고 미련한 공룡이 어떻게……?"

"트라이아스기가 끝날 즈음 작은 규모의 멸종 사건으로 파충류와 양서류를 비롯한 지구상의 동물 30~40%가량이 목숨을 잃었어."

"그와 같은 큰 사건이 발생한 이후에는 기존에 살고 있던 생명체들의 활동이 위축되는 게 정상적인 거 아닌가요?"

"물론 단기적인 측면에서 보면 그렇지. 비록 소규모 멸종이라고는 하지만 전체 생명체의 3분의 1이 죽은 엄청난 사건은 상대적으로 몸집이 큰 동물들에게 더욱 치명적인 결과를 초래해. 이는 곧 먹이 사슬이 무너져 생태계 자체에 혼란이 생길 수밖에 없다는 말이야."

"멸종에서 살아남은 동물들끼리 새로운 천적 관계가 형성되면서 커다란 변화가 생겨날 테고, 그런 과정을 통해 적응력이 뛰어난 동물들이 상위 포식자로 자리를 잡아가므로 장기적인 측면에서는 새로운 종의 출현을 부추긴 셈이겠네요."

"바로 그거야. 특히 뒤이어 시작된 쥐라기에는 한데 붙어 있던 대륙이 분리되기 시작하면서 기후가 건조해졌는데, 그에 따라 많은 동물들이 높은 곳에 달린 나뭇잎까지 따먹기 위해 몸집을 키우고 목 역시 길게 진화할 수밖에 없었단다."

"결국 모든 생명체의 운명은 그 자신이 아닌 자연의 거대한 힘에 의해 조종되고 있는 듯해서 허무하다는 생각이 들어요."

"그 누구도 자연의 힘을 거스를 수는 없어. 하지만 진화는 제각각의 노력에 의해 이루어진 거잖니. 어떤 시대든 생태계의 꼭대기에 올라 지구를 지배한 종은 살아남기 위해 꾸준히 노력했던 종이었다는 것을 잊어서는 안 돼."

"그렇기는 하지만……."

"초식 동물인 디플로도쿠스나 아파토사우르스, 그리고 브라키오사우르스 등과 같은 용각류 공룡은 머리부터 꼬리까지의 몸길이가 무려 27m에 키는 15m에 이르렀어. 몸집이 너무 커 움직임이 둔하기 때문에 날쌘 육식 동물들의 쉬운 표적이 될 수 있음에도 불구하고 덩치를

키운 것은 먹이를 구하기가 그만큼 쉬웠기 때문이야. 다시 말하자면 오랜 세월을 통해 몸집이 작은 초식 공룡들은 도태된 반면, 큰 공룡들이 살아남아 번성한 거지. 결국 끝까지 생존하는 데 천적의 공격보다 먹이 경쟁이 훨씬 더 중요한 요소였던 거야. 진화는 수백 수천만 년을 통해 그렇게 진행되었어."

"무슨 얘긴지 이해했어요."

주어진 자연환경도 중요하지만, 거기에 적응해 나가는 각 개체의 노력이 더해져야만 생존이 가능하다는 걸 확실히 느끼게 된 거예요.

"중생대의 파충류는 육지는 물론 바다와 하늘까지 지배했단다."

"세상이 아예 공룡 천지였네요."

"아니, 그렇지 않아. 바다를 지배했던 파충류는 공룡이 아니라 플라코돈트와 노토사우루스, 그리고 수장룡과 어룡 등이었어. 종에 따라 몸길이가 15m에 이르는 것도 있었지. 하늘로 진출한 익룡은 오늘날의 박쥐처럼 얇은 막처럼 생긴 날개를 갖고 있어서 마음껏 날아다녔어. 크기 또한 다양해서 참새처럼 작은 것에서부터 헬리콥터만큼 거대한 것도 있었단다. 하지만 이들은 같은 파충류이기는 했지만 육지를 지배한 공룡과는 다른 종이었어."

"하지만 어룡이나 익룡은 공룡이랑 사촌 지간이잖아요!"

"그래, 네 말이 맞다. 어쨌든 파충류 세상이었던 쥐라기가 막바지를 향해 달리기 시작한 1억 5천만 년에서 1억 4천만 년 전 사이에 지구상에서는 진화와 연관된 매우 중요한 두 가지 일이 생겨났단다."

은서가 고개를 갸웃하며 물었어요. 혜성과의 충돌 때문에 공룡이 멸종한 사건 이외에는 딱히 떠오르는 게 없었기 때문이지요.

"어떤 일이 벌어졌던 건데요?"

"식물에서는 지구 역사상 최초로 속씨식물, 그러니까 꽃을 피우는 식물이 나타난 거야. 속씨식물은 밑씨를 씨방 안에서 안정적으로 보호하는 한편, 주로 곤충을 이용해 꽃가루를 옮겨. 또한 열매를 동물의 먹이로 제공하거나 바람·물 등을 이용해 씨앗을 널리 퍼뜨릴 수 있었지. 그래서 속씨식물은 불과 수백만 년 만에 겉씨식물이 차지하고 있던 지구를 뒤덮기 시작한 거야."

"또 한 가지 일은 뭔데요?"

"오늘날 새의 조상, 그러니까 시조새라고 부르는 동물이 등장했어.

브라키오사우르스

에오랍토르

시조새는 수각류 공룡 중에서 몸집이 작고 재빠른 육식 공룡이 진화한 것으로 보이는데, 깃털이 난 최초의 동물이야. 그 깃털을 이용해 스스로 체온을 유지했고, 하늘을 날 때도 깃털을 이용했기 때문에 익룡에 비해 훨씬 자유롭게 비행할 수 있었지."

은서는 쥐라기 당시의 세상을 상상해 보았어요. 땅 위에는 거대한 공룡이, 하늘에는 익룡이, 바다에는 어룡이 활개 치고 있는 세상……. 한편으로는 신비로울 것 같으면서도, 다른 한편으로는 공포감 때문에 단 한순간도 편히 숨을 쉴 수 없을 거라는 생각이 들었어요.

너 혹시 이건 아니?

쥐라기 지구의 제왕이었던 공룡에 대한 궁금증 세 가지

• **공룡의 수명은 몇 년이나 되었을까?**

공룡에 대한 궁금증이 커져 가자 과학자들은 공룡의 뼈를 분석해 성장률을 추정해 보았다. 그 결과 디플로도쿠스와 아파토사우르스 등 용각류의 수명은 약 200년 정도였을 것이라는 결과가 나왔다. 하지만 이 결과에 이론을 제기하는 학자들도 있어서 아직 논쟁 중이다.

- 공룡은 얼마나 영리한 동물이었을까?

일부 고생물학자들은 공룡의 지능이 어느 정도였는지에 대한 분석을 해 보았다. 공룡의 몸집과 행동 양식, 그리고 뇌의 크기 등을 종합적으로 조사해 예상 IQ를 산출해 보았던 것이다. 그 결과 용각류의 지능이 가장 낮았고, 벨로키랍토르와 데이노니쿠스가 가장 높았다.

- 공룡의 몸은 무슨 색깔이었을까?

모든 공룡의 몸 색깔은 체온 조절을 위해 밝은 색과 어두운 색이 고루 섞여 있었다. 다만 몸집이 큰 공룡은 특별히 위장을 할 필요가 없었기 때문에 주요 식량인 식물들과 크게 다르지 않은 초록 계통의 평범한 색깔이었을 가능성이 높다. 반면에 몸집이 작은 공룡은 주요 활동 지역에 따라 각기 다른 위장·보호색을 갖고 있었을 것이다.

6 쥐라기를 호령했던 공룡의 멸종 – 혜성 충돌·기후 변화

쥐라기 후반에 나타난 속씨식물, 즉 꽃식물은 빠르게 성장해 지구를 뒤덮기 시작했어요. 꽃식물의 번성은 또한 곤충의 진화를 촉진했지요. 꽃가루를 매개해 줄 수 있는 가장 효과적인 동물이 바로 곤충이었기 때문이지요. 달콤한 향기로는 벌을 유인하고, 고약한 냄새로는 파리를 꾀었으며, 화려한 색깔로는 나비를 불러들였답니다.

속씨식물이 등장하면서 지구는 탄생 이후 가장 아름다운 모습을 갖게 되었어요. 그 당시 지구를 호령하고 있던 공룡들도 그런 모습을 보면서 흡족해했을 수도 있어요. 하지만 지구의 시간은 끔찍한 사태를 향해 어김없이 흐르고 있었어요. 공룡시대를 단번에 끝내 버릴 엄청난 재앙 말이에요.

1. 무엇이 공룡을 한순간에 사라지게 한 거예요?

무려 1억 5천만 년 이상 세상을 지배했던 공룡이 6500만 년 전에 갑자기 사라지고 말았대요. 지구 탄생 이래 다섯 번째 대멸종 사태가 벌어진 거예요. 사라진 것은 공룡만이 아니었어요.

대부분의 플랑크톤과 바다 파충류, 그리고 유대류 역시 대멸종의 피해자였어요. 지구를 뒤덮고 있던 다양한 식물들 역시 무사할 수는 없었지요. 다만 몸집이 작은 포유류와 조류, 그리고 곤충과 양서류 등은 살아남았답니다.

그 당시 무슨 일이 있었던 것일까요?

도대체 무엇 때문에 수많은 동식물이 자취를 감추게 되었을까요?

은서는 대멸종이라는 엄청난 사태를 몰고 온 까닭을 알고 싶었어요. 물론 소행성과의 충돌 때문이었다는 가설은 들어서 알고 있었지요. 하지만 단 한 번의 충돌로 지구 반대편에 살던 공룡들까지 사라진다는 건 불가능하다는 생각이 들었던 거예요.

"아빠, 공룡이 한순간에 멸종한 진짜 이유는 뭘까요?"

"6500만 년 전에 일어났던 대멸종 사건은 오랫동안 학자들 사이에서 논란의 대상이었어. 지구상의 생명체들이 사라져 간 기간이 불과 몇 년에 불과했는지, 아니면 몇 천 년에 걸쳐 진행되었는지조차 불분명했거든."

"소행성과의 충돌 때문이라면서요?"

"물론 행성 충돌이 근본적인 원인을 제공했다는 점에 대해서는 대부분 동의하고 있어. 중앙아메리카에 있는 유카탄 반도 근처 바다에 지름이 약 10㎞에 달하는 소행성과 충돌한 흔적인 크레이터(구덩이)가 그러한 사실을 증명하고 있거든."

"원인이 있는데 왜 논란이 벌어지는 거예요?"

"그 정도의 충격으로 지구상에 살고 있던 대부분의 동물들이 멸종하지는 않는다는 거지. 그래서 일부 학자들은 행성 충돌보다는 대륙의 분리와 기후 변화에 따른 영향으로 오랜 세월에 걸쳐 멸종했을 것이라는 주장을 펴고 있단다."

"그래서 어떤 주장이 가장 널리 인정받고 있대요?"

"단연 행성 충돌이야. 학자들의 이론에 따르면 한 차례, 또는 여러

차례에 걸쳐 소행성과 충돌하는 바람에 지구의 환경이 급속도로 나빠졌어. 이를테면 지각이 녹으면서 엄청난 대기 변동이 있었고, 거대한 해일과 화재 등이 끊이지 않았지. 또한 해수면이 급격히 낮아지는 등 이전과는 비교할 수 없을 만큼 살아남기 힘든 지구가 되어 버렸어."

"소행성과 충돌하면 어떤 일이 벌어지는 거예요?"

"그 질문이 나올 거 같아 아빠가 준비해 놓은 게 있지."

아빠는 유카탄 반도에 소행성이 떨어진 순간부터 그 이후에 대한 이야기를 그림과 함께 정리해 미리 출력해 놓았던 모양이에요. 그 자료를 건네받은 은서는 꼼꼼하게 읽어 내려가기 시작했어요.

직경 약 10km에 이르는 소행성이 지구를 향해 날아오고 있다. 무려 1조 톤이 넘는 거대한 암석 덩어리가 시속 6만km 이상의 속도로 돌진하고 있는 것이다. 이 소행성은 세계 각국이 보유하고 있는 모든 폭탄을 동시에 터뜨리는 것보다 1만 배 이상의 위력을 갖고 있다.

아직껏 한 번도 들어 본 적 없는 굉음이 울려 퍼진다. '콰아앙!' 그와 동시에 소행성이 내리꽂힌 유카탄 반도 앞바다에는 직경 100km, 깊이 약 30km에 달하는 구멍이 뚫린다. 물론 주변의 바닷물은 순식간에 어디론지 사라져 버리고 없다.

하지만 잠시 후, 소행성이 파헤쳐 놓은 구멍이 무너지면서 사방으로 밀려났던 바닷물이 쏟아져 들어간다. 그리고 엄청난 양의 바닷물은 한가운데서 정면으로 충돌해 거대한 물기둥으로 변한다. 그 물기둥은 대류권을 지나 성층권에 이를 정도다.

곧이어 하늘 높이 솟구쳐 올라갔던 물기둥이 한꺼번에 무너져 내린다. 그 여파로 유카탄 반도 앞바다에는 높이 300m에 달하는 해일이 발생한다. 그 위력이 얼마나 대단한지, 남북 아메리카를 연결하고 있는 허리 부분이 순간적으로 잠겨 버렸다.

한편, 소행성과의 충돌 때문에 생겨난 지진파가 지구 전체로 퍼져 나간다. 인류가 지진을 관측한 이래 기록한 가장 큰 지진보다 수천 배나 더 강한 지진이 산을 무너뜨리고 대륙붕을 붕괴시킨다. 그 결과 세계 곳곳에서 또 다른 해일이 발생해 아수라장이 된다.

그리고 소행성이 지구와 충돌할 당시 폭발하면서 하늘로 튕겨져 올라갔던 엄청난 양의 분출물이 떨어져 내리기 시작한다. 이 물질들은 대기와의 마찰 때문에 불타면서 낙하하게 되는데, 수천 억 개에 달하는 크고 작은 불덩이가 지표면에 쏟아져 내려 지구는 순식간에 불바다가 되고 만다.

시간이 흐를수록 불길은 거세어지고, 대기 중 이산화탄소 농도는 자꾸만 높아져 온실 효과가 생겨나면서 기온이 올라간다. 게다가 그와 같은 악순환이 거듭되는 바람에 지표면의 온도는 섭씨 수백 도를 훌쩍 넘겨 버린다.

결국 땅 위에서 살고 있던 거의 모든 동물들은 목숨을 부지할 수 없게 되었다. 그중에서도 몸집이 큰 공룡이 가장 큰 피해자였다. 살아 있는 모든 공룡들은 열기와 연기 때문에 숨이 막혀 죽었고, 아직 깨어나지 않은 알은 고스란히 익어 전멸하고 말았던 것이다.

아빠가 정리해 놓은 자료를 모두 읽은 은서는 깊은 한숨을 내쉬었어요.

"후유! 엄청 무섭다."

"혹시 소행성이 날아들까 봐 무섭다는 거니?"

"당연하지요! 그런데 아빠, 만약 공룡을 멸종시킨 것의 10분의 1 정도 되는 소행성이 육지에 떨어진다면 어떻게 될까요?"

"만약 지름 1km가량 되는 소행성이 육지와 충돌하면 직경 약 15km 크기의 크레이터가 생길 거야. 웬만한 중소 도시 하나가 순식간에 사라져 버리는 거지."

"그런 다음은요?"

"엄청난 양의 먼지가 대기 위로 올라가 적어도 6년 동안 사라지지 않을 거야. 그 먼지는 태양빛 20% 가량을 막아 지구 표면 평균 온도가 약 8℃ 정도 떨어질 것이고, 지구의 생명체를 자외선의 피해로부터 보호해 주는 오존층 역시 절반 이상이 파괴되기 때문에 많은 생명체들이 목숨을 잃게 되겠지."

"후유! 괜한 질문을 했네!"

"그뿐만이 아니라 대기의 온도 역시 낮아져 대류를 잃기 때문에 강수량도 절반 이하로 떨어질 테고, 급기야는 빙하 시대와 같은 결과를 낳을 수도 있을 거야."

은서는 고개를 절레절레 흔들었어요. 생각하는 것만으로도 끔찍하기 이를 데 없었기 때문이지요. 하지만 아무 일도 일어나지 않은 순간 순간들이 얼마나 소중한 시간인지를 가슴 깊이 느낄 수 있는 계기가 되기도 했답니다.

너 혹시 이건 아니?

가능성은 있지만 아직은 불가능한 쥬라기의 공룡 복제

1993년, 미국의 영화감독 스티븐 스필버그는 영화 〈쥬라기 공원〉을 완성해 세계적으로 선풍적인 인기를 끌었다. 그 영화가 상영된 이후, 많은 사람들이 그와 같은 일이 현실에서도 벌어질 수 있는지에 대한 궁금증을 갖게 되었다.

과학계에서는 DNA 조작을 통해 영화에서 보여 준 것과 같이 공룡들이 우글거리는 공원을 만들 수 있다는 사실에 대해 부인하지 않는다. 유전 공학 기술인 유전자 복제를 통해 가능할 수도 있다는 말이다.

하지만 유전자 복제를 하려면 유전 물질이 거의 손상되지 않은 상태로 보존된 유기 조직 화석이 반드시 있어야 한다. 그런데 문제는 그와 같은 조건을 충족시켜 주는 화석이 발견되지 않았다는 점이다.

결국 실제 공룡을 다시 보기 위해서는 유전 물질이 손상되지 않은 화석을 발견하거나, 유전 공학 기술이 획기적으로 발전한 이후를 기대해 볼 수밖에 없다.

2. 하늘을 날아다니는 새가 공룡의 후손이라고요?

　6500만 년 전, 유카탄 반도 앞바다에 떨어진 소행성과의 충돌과 그 여파로 인해 지구의 생명체 중 3분의 2가 사라지고 말았답니다. 그중에서도 먹이 사슬의 최상위층을 점령하고 있었던 공룡의 멸종은 지구 생태계의 역사를 완전히 바꾸어 놓았다고 해요.

　하지만 공룡이라고 해서 모든 종이 다 멸종한 것은 아니라고 하네요. 공룡의 진화 선상에서 유일하게 살아남은 종이 하나 있다는 거예요. 은서는 그 주인공이 과연 무엇인지 궁금했어요.

　"백악기 말에 일어난 지구의 다섯 번째 대멸종 사태를 견뎌 낸 공룡의 후손은 도대체 어떤 동물이에요?"

　은서의 질문에 아빠가 빙긋이 웃으며 대답했어요.

　"사랑하는 내 딸이 가장 좋아하는 것 중 하나지!"

　"제가 좋아하는 동물이라고요?"

　은서는 고개를 갸웃하며 생각에 잠겼어요. 개나 고양이를 좋아하기는 하지만, 그 동물들은 분명히 포유류에 속해 있는 것들이기 때문에

시조새

공룡의 후손은 아닐 테지요. 그렇다면 아빠가 뭔가 잘못 알고 계신 거예요.

여전히 입가에 미소를 머금은 아빠가 다시 물었어요.

"떠오르는 게 없니?"

"전혀요! 개나 고양이 같은 포유류가 파충류에서 갈라져 나왔다고는 하지만, 공룡의 후손이 아닌 건 분명하잖아요."

"당연하지. 그런데 네가 좋아하는 게 그것뿐만은 아닐 텐데……."

"히잉, 아빠! 그러지 말고 얘기해 주세요!"

"통닭!"

"예?"

"양념 반 후라이드 반, 엄청 좋아하잖아!"

"에이, 아빠는…… 아차! 새, 그러니까 조류라는 얘긴가요?"

"그래, 맞았어. 오늘날 모든 새들의 조상으로 보이는 시조새 화석에 대해 잠깐 얘기했던 거 같은데, 까먹은 모양이구나."

"헤헤! 너무 많은 정보가 한꺼번에 머릿속에 입력되는 바람에 잠시 오작동이…… 하지만 이제 기억나요. 정상으로 돌아왔거든요."

"시조새는 오늘날 우리가 알고 있는 조류와는 달리 이빨을 갖고 있었고, 날개 끝에는 발톱까지 달고 있었어. 그러니까 공룡 반, 새 반 정도였던 셈이지."

아빠의 말이 끝나자 은서가 씩 웃으며 말했어요.

"자꾸 그러시니까 통닭이 먹고 싶어지잖아요!"

"그래? 그럼 시켜 먹자꾸나."

"정말요? 엄마랑 같이 있을 때는 살찐다고 야식 절대 금지였는데……."

말은 그렇게 하면서도 은서는 재빨리 통닭집 스티커를 챙겨 와 전화를 걸었어요. 그리고 '후라이드 반 양념 반에 무는 많이'를 외쳤답니다.

곧이어 아빠의 설명이 계속되었어요.

"백악기의 대재앙으로 지구에 살던 생물의 종이 크게 줄어들었어. 하지만 깃털을 이용해 하늘을 날기 시작한 조류는 새로운 도약을 준비하고 있었고, 공룡이라는 절대적인 포식자를 피해 수천만 년 동안 꽁꽁 숨어 지냈던 한 종이 크게 번성하는 계기가 되기도 했단다."

"대멸종 이후 어떤 종이 번성했는데요?"

"그 동물은 작은 몸집에 털이 무성하게 자란 소심한 성격의 소유자였어. 그래서 으슥한 곳에 숨어 사는 것도 모자라 밤에만 움직이는 야행성 동물이었지."

"털이 무성한 동물이라면, 혹시 포유류?"

"그래, 중생대가 지나고 신생대가 시작되면서 포유류가 전면에 등장한 거야. 포유류는 공룡이 세상을 지배하던 동안 땅속을 비롯한 어두운 곳에 숨어 살면서 여러 가지 재주를 가진 동물로 진화해 때가 오기를 기다린 거야."

"그 당시의 포유류는 어느 정도 크기였어요?"

"무시무시한 포식자들을 피하기 위해 자꾸만 몸집을 줄여 진화하다 보니, 오늘날의 쥐보다 더 작은 정도가 되었어. 그래서 땅속 깊은 곳까지 파고 들어가 보금자리를 만들었는데, 그 덕분에 공룡이 멸종하는 그 엄청난 재앙을 겪으면서 살아남을 수 있었지."

"큰 재앙을 겪고도 살아남았으니 생존력이 아주 강했을 것 같아요."

"아마 그렇겠지. 모르가누코돈, 메가조스트로돈, 비에노테리움 등은 포유류의 조상이라 할 수 있는데 이들은 각기 기능이 다른 치아와 큰 뇌를 가졌고 아마도 털로 덮인 온혈 동물이었을 것으로 추정되고 있어. 모르가누코돈은 오늘날 영국인 지역에서 살았던 것으로 보여. 그곳에서 화석이 발견되었으니까. 생김새는 쥐를 닮았다고 생각하면 될 거야."

오늘날 살아가고 있는 모든 포유류의 조상이 쥐보다 더 작은 동물이었다는 말에 은서는 상당한 충격을 받았어요. 물론 그것이 수천만 년 전 이야기이기는 하지만, 최소한 징그러운 쥐보다는 더 근사한 생김새였으면 하는 마음속 바람이 있었던 거예요.

모르가누코돈

포유류의 조상

비에노테리움

은서가 그 이야기를 꺼내려는 순간 초인종이 울리네요.

'후라이드 반 양념 반, 무 많이'가 도착한 거예요.

포유류에 대한 이야기는 일단 맛있게 먹고 나서 들어야지요. 그런데 통닭이 공룡의 후손 중 하나라는 생각을 하니 살짝 겁이 나네요. 물론 고소한 맛은 여전하겠지만 말이에요.

너 혹시 이건 아니?

해마다 같은 길로 남북극을 오가는 철새들의 신비한 능력

오늘날 지구상에는 수많은 종류의 새들이 살고 있다. 그중에는 한곳에 머물러 사는 텃새도 있고, 겨울을 나는 곳과 번식하는 곳이 달라 먼 거리를 여행하는 철새도 있다.

철새의 경우 여름철에는 먹이가 풍부한 곳으로 가서 새끼를 낳아 기르고, 겨울이 되면 따뜻한 곳으로 옮겨 가 산다. 그중 북극제비갈매기는 해마다 지구를 가로질러 남북극을 오간다.

검은가슴물떼새 역시 여름에는 번식지인 시베리아나 알래스카에서 살다가 겨울이 되면 무려 13,000km 정도를 날아 오스트레일리아나 아르헨티나 남부 지역에 머문다.

그런데 동물학자들이 실험한 결과 이 새들은 길을 찾기 위해 태양이나 별자리, 또는 지구의 자기장을 이용하는 것으로 확인되었다. 하지만 이 철새들이 번식지와 월동지를 어떻게 기억하고 정확하게 계산하는지에 대해서는 밝혀진 바가 없다.

7 새로운 절대 강자 포유류의 등장과 영장류의 탄생

 포유류는 공룡이 지구를 지배하던 기간 내내 음지에서 살아야만 했대요. 공룡을 비롯한 파충류의 힘이 워낙 강했기 때문에 감히 덤벼 볼 엄두조차 낼 수가 없었던 것이지요. 하지만 백악기 후반에 있었던 소행성 충돌과 그로 인한 후유증 때문에 생태계가 혼란스러워진 틈을 이용해 모습을 드러냈다고 하네요.
 그런데 처음 등장한 포유류는 오늘날의 오리너구리나 바늘두더지처럼 알을 낳아 부화를 했답니다. 그 이후 세월이 흐르면서 어미는 태반과 탯줄을 통해 태아에게 영양분과 산소를 공급했고, 땀샘이 진화한 유선을 이용해 새끼에게 젖을 먹이기 시작했어요. 비로소 포유류라는 이름에 걸맞은 종으로 거듭나게 되었어요.

1. 포유류는 어떻게 지구를 지배하게 되었어요?

　백악기 말의 대멸종 사건으로 몸집이 큰 상위 포식자들이 사라지자 그 자리를 포유류가 차지했다고 해요. 물론 하루아침에 이루어진 일은 아니겠지만, 은서는 쥐보다 더 작은 포유류가 어떻게 다른 종보다 우위를 차지할 수 있었는지 궁금했어요.

　"포유류가 지구를 지배할 수 있었던 결정적인 원인은 뭐예요?"

　"이미 얘기했던 것처럼, 포유류는 오랜 기간 동안 포식자들의 눈치를 살피며 춥고 어두운 곳을 찾아다니며 살아야 했어. 그 결과 몸집은 작아졌지만, 그 몸을 털로 감싸 스스로 체온을 유지할 수 있도록 진화해 나갔지."

　"온혈 동물이 된 게 그토록 중요한 거예요?"

　"그럼. 다양한 환경에 적응할 수 있도록 해 주는 가장 기본적인 요소라고 할 수 있어. 예컨대 파충류들한테는 절대 출입 금지 구역이라고 할 수 있는 극지방까지 건너가 살 수가 있거든."

　"공룡한테 잡아먹힐 염려는 없겠지만, 무지 추웠겠다!"

"그리고 또 한 가지는, 알이 아닌 새끼를 낳게 되었다는 점이야."

"그건 또 왜 중요한데요?"

"알은 낳는 순간부터 부화해 깨어날 때까지 천적들의 공격에 무방비 상태로 노출되어 있는 시간이 상당히 많아. 알을 지켜내기 위해 아무리 애를 쓰는 어미라고 할지라도 먹이 사냥을 하는 절대 시간이 반드시 필요하기 때문이지."

"그런데 포유류 새끼는 어미 뱃속에 들어 있어서 안전하다는 말씀이네요!"

"그렇지. 그래서 훨씬 더 안정적으로 번식을 할 수 있었던 거야."

"아, 그랬던 거구나!"

포유류가 전면에 등장한 신생대에 지구는 오늘날과 크게 다르지 않은 모습을 갖추었다고 해요. 아프리카는 남아메리카에서 떨어져 나가 독립적인 대륙이 되었고, 히말라야와 알프스를 비롯한 주요 산맥들도 형성되기 시작했답니다.

"공룡이 사라지면서 양지로 나온 포유류는 최소화시켰던 몸집을 제각각 키워 나가는 한편, 각 대륙에서 다양한 형태로 분화하기 시작했어. 그 갈래는 크게 세 가지인데 오늘날의 캥거루와 같은 유대류와 몸속에 태아가 자라는 기관을 갖춘 태반류, 그리고 가장 원시적인 형태를 유지하며 알을 낳는 단공류 등이란다."

"그중에서 가장 크게 번성한 종은 태반류였겠네요?"

"결과적으로는 그렇게 된 셈이지."

"다른 결과가 나올 수도 있었다는 말씀인가요?"

"모든 동식물은 번식을 위해 두 가지 방법 중 하나를 선택해 왔어. 첫 번째는 엄청난 수의 자손을 생산한 뒤 그 가운데 일부가 성체로 자라기를 바라는 방법이야."

"흐으! 그건 좀 무식해 보이는데……."

"그 대표적인 예가 알을 수천 개까지 낳는 개구리나 두꺼비라고 할 수 있어. 그리고 바닷물고기인 대구는 일 년에 무려 9백만 개에 이르는 알을 낳기도 해."

"세상에! 끔찍할 정도네요."

"이 방법의 장점은 포식자를 비롯한 주변 환경이 어떻게 변하든 일부는 살아남아 성체가 될 가능성이 높다는 점이야."

"단점은요?"

"새끼가 너무 많기 때문에 어미의 보살핌을 받을 수가 없어. 따라서 새끼 스스로 알아서 자신의 목숨을 지켜 내야만 한다는 사실이지."

"나머지 하나는 어떤 방법이에요?"

"포유류와 조류는 정반대의 방법을 선택했어. 최소한의 자손을 낳아 스스로를 지킬 수 있을 때까지 보호하고 지켜 주며 교육까지 시켜 준 거야."

"이 방법이 훨씬 더 바람직한 거 같아요. 그래서 포유류와 조류가 오늘날 생태계의 꼭대기를 차지하고 있는 것이겠지요?"

"그렇단다. 하지만 초기 생존율이 높은 이 방법에도 단점이 있는데, 질병이 돌거나 포식자의 강력한 공격이 가해져 그해에 태어난 새끼 전체를 잃어버린 무리도 있었단다."

"참, 바다로 돌아간 포유류도 있었잖아요?"

"그렇지. 백악기 후반의 대멸종 당시 바다에 사는 주요 포식자들도 사라지고 말았어. 그래서 포유류 중 일부가 바다로 되돌아갔는데, 고래의 조상들이 그 대표적인 예라고 할 수 있지."

"언제쯤 바다로 되돌아갔던 거예요?"

"약 5천만 년 전이었어. 2억 5천만 년 전, 바다에 살던 일부 척추동물들이 육지를 향했던 반대의 방법으로 바다로 돌아간 고래는, 공기를 마시기 위해 가끔씩 물위로 올라오는 방법을 개발해 물속 생활에 적응해 나갔어."

"예전처럼 아가미 호흡을 하면 번거롭지 않았을 거 같은데……."

"정확한 까닭은 알 수 없지만, 아가미를 통해 물속에 녹아 있는 산소를 흡수하는 것만으로는 턱없이 부족했기 때문이 아니었을까?"

"그럴 수도 있겠네요."

은서가 고개를 끄덕였어요.

어쨌든 공룡이 사라진 세상은 이제 포유류의 차지가 되었어요. 끈질긴 생존 본능과 효과적인 번식 방법을 선택한 덕분에 지구를 지배하는 절대 강자의 자리에 오를 수 있었던 거예요.

너 혹시 이건 아니?

4900만 년 전 생물이 완벽하게 보존된 메셀 피트 화석 유적지

독일 프랑크푸르트 인근에 있는 메셀 피트는 약 4900만 년 전에 살았던 생물들의 화석 1만여 점이 발견된 곳이다. 이곳에서 발견된 화석은 거의 손상되지 않은 완벽한 상태를 유지하고 있었는데, 당시 그곳은 무성한 열대 초목에 둘러싸인 호수였기 때문에 가능했던 것으로 추측하고 있다.

고생물학자들은 메셀 피트에서 발견된 화석을 통해 그 당시의 생태계를 자세하게 재구성해 볼 수 있었는데, 그 요지는 다음과 같다.

식물이 태양 에너지를 받아들여 당분 형태로 가두어 둔다. → 이 당분은 식물이 초식 동물에게 먹히고, 육식 동물에게 먹히는 과정을 통해 차례로 전달된다. → 각각의 유기체는 음식과 함께 받아들인 에너지를 대부분 소비하면서 열의 형태로 방출하고 나머지는 저장한다. → 균류와 박테리아 등 분해자가 죽은 조직에 남아 있는 에너지를 소비한 후 이산화탄소와 물 등 단순한 분자 형태로 방출한다. → 방출된 분자 에너지는 다시 순환에 참여한다.

2. 영장류는 어떤 과정을 거쳐 탄생한 거예요?

지구를 지배하게 된 포유류는 빠른 속도로 분화를 거듭했다고 해요. 오늘날 우리가 만날 수 있는 수많은 포유류의 조상들이 신생대 초기에 모습을 드러낸 것이지요. 그렇다면 영장류의 등장은 어떤 과정을 거쳤을까요? 은서의 궁금증은 여지없이 질문으로 이어졌어요.

"영장류는 어떤 과정을 거쳐 탄생한 거예요?"

"포유류가 크게 번성하면서 몸집이 작은 설치류와 비슷한 모양의 고대 영장류의 조상은 포식자들을 피해 나무 위로 올라가게 되었어. 세월이 흐르면서 무성하게 자란 나무 위에서 자유롭게 움직일 수 있도록 진화해 나간 거야."

"작은 다람쥐 같았던 동물이 차츰 원숭이처럼 변해 갔군요."

"그런 셈이지. 정면을 볼 수 있는 두 눈과 뭉툭한 모양의 코가 특징적인데, 이와 같은 형태로의 진화는 후각보다 시력의 발달이 훨씬 더 중요했기 때문이었을 거야."

"나무 위에서 뭘 먹고 살았을까요?"

"처음에는 나무에 살고 있는 벌레를 잡아먹었지. 그런데 나뭇잎이나 과일 역시 맛과 영양이 풍부하다는 사실을 알게 되었어. 그래서 다양한 것들을 먹고 소화시킬 수 있는 식성으로 바뀌었단다."

"그 동물이 나중에 영장류가 된 건가요?"

"약 3천만 년 전, 푸르가토리우스라고 불리는 이 동물은 여러 종으로 분화해 각 대륙으로 퍼져 나갔어. 마다가스카르에 사는 여우원숭이나 동남아시아와 아프리카에 서식하는 안경원숭이, 그리고 나뭇가지를 더 잘 쥘 수 있는 프로시미안과 에이프라고 불리는 유인원 등도 그 후손이라고 할 수 있지."

"조금 복잡하네요."

"유감스럽게도 지금까지 발견된 화석만으로는 영장류의 진화를 한눈에 알아볼 수 있도록 정리할 수가 없단다. 약 3천만 년 전부터 1500만 년 전까지 곳곳에 빈 기간이 있어서 그동안 어떤 변화가 있었는지 가늠할 수가 없다는 말이지."

"아, 그렇구나!"

"어쨌든 이 영장류는 훗날 남아메리카 유인원의 조상인 광비원류와 아프리카 유인원의 조상인 협비원류가 되었는데, 440만 년 전 아프리카에서 살았던 아르디피테쿠스 라미두스라는 초기 유인원의 화석이 그러한 사실을 증명해 주었지."

"아르디피테쿠스 라미두스는 뭐예요?"

"아르디피테쿠스 라미두스는 오늘날의 침팬지와 비슷한 외모를 가진 유인원으로, 아프리카 동부의 사바나 지역에서 살았는데 두 발로 똑바로 서서 걸을 줄 아는 동물이었단다."

"어? 그렇다면 우리가 알고 있는 인류의 첫 번째 조상인 오스트랄로피테쿠스와 비슷하네요!"

"그렇지. 이들은 뒷다리만 사용해 걸을 수 있었기 때문에 도구를 사용할 수 있었고, 어렵지 않게 먹이를 원하는 곳으로 옮겨 보관할 수도 있었어. 그 이후 250만 년 전에 침팬지보다 인간에 더 가까운 호모 하빌리스가 나타났는데, 이들은 처음으로 돌찍개를 만들어 다양하게 사용하기도 했지."

"그러니까 6500만 년 전, 쥐보다 더 작은 동물에서 조금씩 진화해 유인원이 되었고, 그것이 또 진화를 거듭해 우리 인류가 탄생한 거네요."

"인류의 진화는 크게 다섯 단계로 정리할 수 있어. 첫 단계는 오스트랄로피테쿠스(Australopithecus)로 두 발로 직립 보행을 하면서 간단한 도구를 사용할 줄 알았어. 뒤이어 나타난 호모 하빌리스(Homo habilis)는 최초의 화석 인류로, 오스트랄로피테쿠스보다 정교한 도구를 사용했지. 그리고 세 번째 단계는 호모 에렉투스(Homo erectus)인

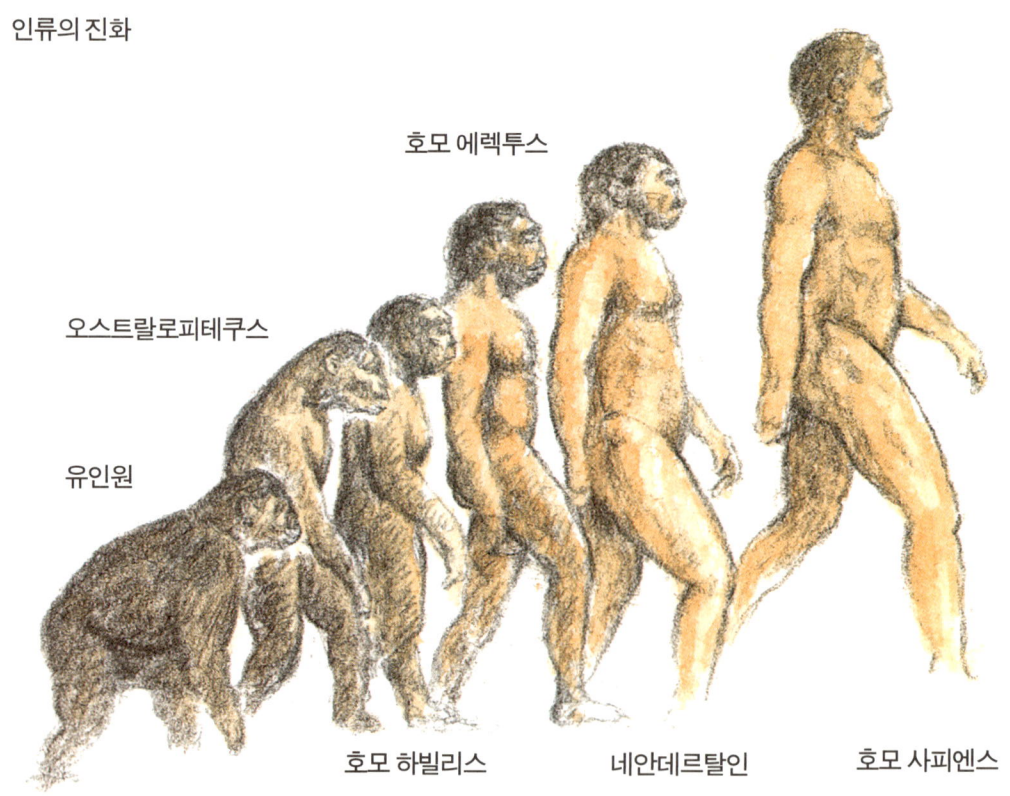

인류의 진화

데 정교한 석기와 불을 사용한 최초의 이동 인류였단다. 그 다음으로 등장한 네안데르탈인(Neanderthal man)은 뇌의 용량이 현대인과 비슷하며 동굴 생활을 했는데, 석기와 불을 이용할 줄 알았어. 또한 채집과 수렵 활동을 하면서 간단한 언어를 사용했단다. 그리고 마지막은 호모 사피엔스(Homo sapiens)야. 이들은 아주 정교한 도구를 사용했는데, 오늘날 인류의 조상으로 보이며 동굴에 벽화를 그리는 등 상당히 발달한 생활 수준을 유지했던 것으로 알려졌단다."

"아! 무척 어려워요. 오늘날의 인류와 가까워질수록 알기 쉬워질 줄 알았는데, 어찌 된 셈인지 점점 복잡해져만 가네요!"

"그럴 거야. 그래도 이번 방학 아빠와 재미있는 시간 보냈지?"

"예! 돌아오는 주말에는 엄마가 귀국하실 테니 집안 대청소도 해야 되겠지요?"

"그러자꾸나."

'지구의 역사' 알아보기는 그렇게 마침표를 찍었어요. 방학 내내 주말마다 제대로 쉬지 못했던 아빠는 무척 피곤하셨을 거예요. 하지만 은서에게는 무척 보람찬 여름 방학이었어요.

너 혹시 이건 아니?

마다가스카르에 살고 있는 '이상한 작은 사람' 이야기

　마다가스카르에는 여우처럼 생긴 얼굴에 두 눈이 유난히 동그란 여우원숭이가 살고 있다. 이 여우원숭이들은 해가 뜨고 질 때마다 자신의 영역을 지키기 위해 매우 날카로운 소리를 지르며 나무 사이를 돌아다니는 습관을 갖고 있다.

　맨 처음 마다가스카르를 방문한 유럽의 탐험가들은 여우원숭이가 내는 괴성에 소스라치게 놀랐다고 한다. 마치 으슥한 골목길에서 마주친 유령이 위협을 하기 위해 지르는 소리처럼 오싹했기 때문이었다.

　하지만 마다가스카르 원주민들은 이 여우원숭이를 작은 사람이라는 뜻의 '바바코토'라고 부른다. 어린 새끼를 업고 다니며 지극정성으로 보살피는 모습이나 두 발로 깡충깡충 뛰며 이동하는 모양이 우리 인간과 매우 비슷해 보였던 것이다.